ヴァジュラヨーギニー（金剛瑜伽女、現代ネパールの仏画）

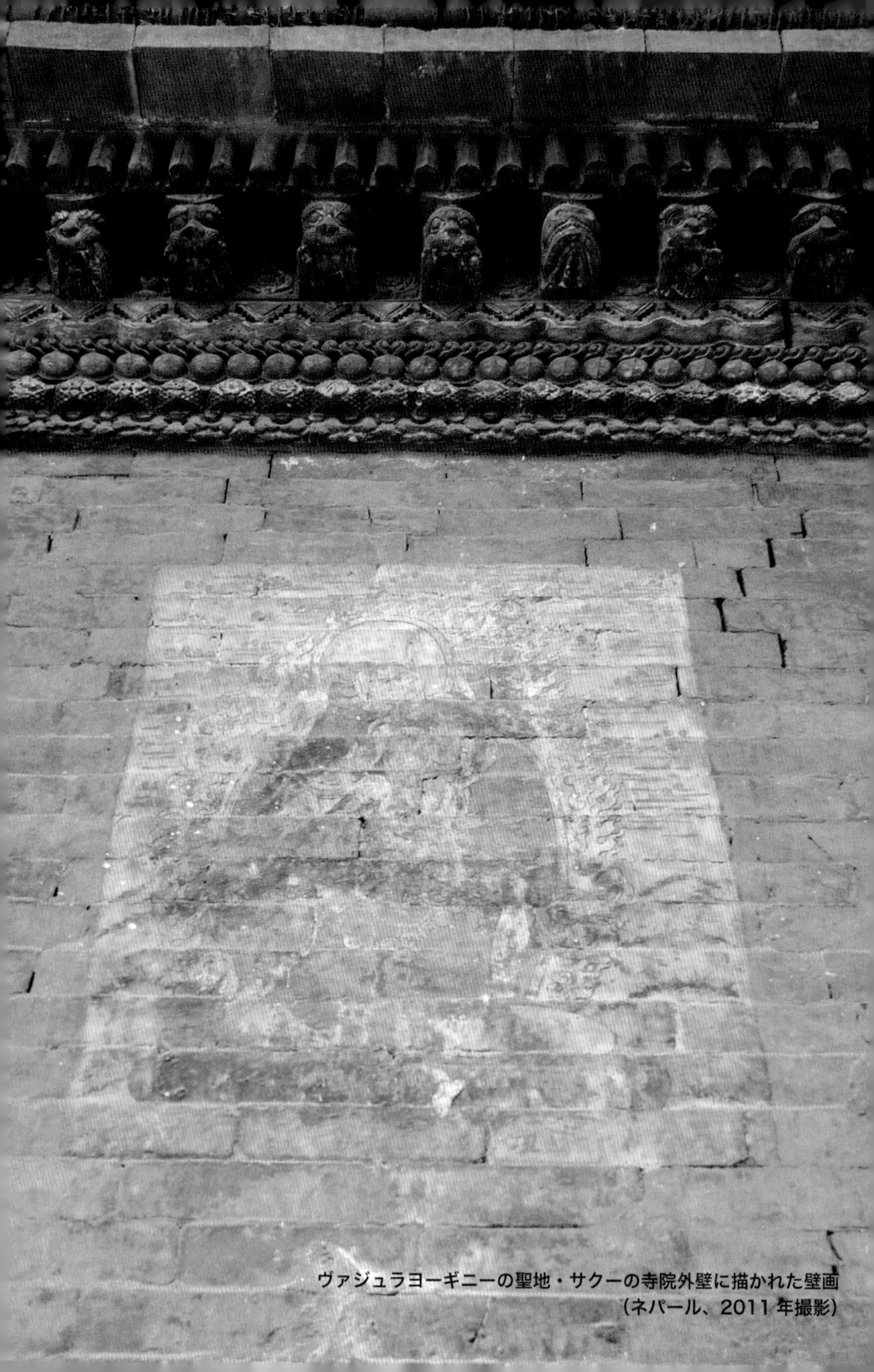

ヴァジュラヨーギニーの聖地・サクーの寺院外壁に描かれた壁画
（ネパール、2011 年撮影）

詩文集

虚空の歌

安元 剛

起心書房

ヴァジュラヨーギニーのシンボル・ダルモーダヤ（法源）
（ネパールの聖地サクーの土で描いたもの）

目次

目　次

II 雑《ぞう》詠《えい》

III　短篇小説

詩文集

虚空の歌

Ａｖｅ！　めでたき方よ！
いざ、ほめ歌の花輪を捧げ奉らん。
かの古《いにしえ》の、クレモナ人《びと》の晩禱《ゆうべのいのり》の如く。

I　ヨーギニー二十四讃

空行《くうぎょう》浄土

草もない。花もない。鳥もない。獣もない。人もない。生もない。死もない。
あるのは、ただ、荒れはてた灰色の大地と、紺碧に輝く大空のみ。
ああ、愛する母君。あなたはどこにいらっしゃるのですか？
……ここにいますよ。
ここ、とは？
……ほら、ここです。

どこに？

……ほら、ここ！　この大地の岩かげに。茶毘《だび》の燃えかすの中から拾いあげられた白骨のように輝く岩山の、この洞窟に。
輪廻にぽっかりと口を開けた、あなたの心の暗がりに。愛するわが子よ。

光

照らして下さい。照らして下さい。光よ！

死を、死骸を、この腐爛に満てる大地を。

見よ！　鋭い牙剥く獅子は、地を駆ける鹿に喰らいつき、その鮮血は芳《かんば》しい葡萄酒のように大地を潤していく。

聞け！　獰猛《どうもう》な唸《うな》り声と叫びを。そして、断末魔のひそやかな吐息を。

流血は日の光に赤黒く大地に固まり、白骨に残る肉塊は腐臭を放って虫たちの餌食となる。

緑なす草むらは、黄金に毛並み輝く獅子の眠りを受けとめる褥《しとね》。


照らして下さい。照らして下さい。光よ！

あまねく、隔てなく、はてしなく。

光には心はない。愛はない。怒りもない。

ただ、機械のように正確に、草原の午後を見つめている……

ネット少女

ノート型のMacを開く。ドォーン！　という音。そしてカタカタ、キーを叩いて、いつものようにネットを散歩。

闇のように、海のように、密林のように底知れず、アナーキーで、しかも通俗的な巷《ちまた》に、彼女は、いる。

アニメやゲームの萌えキャラとして、アイドルとして。政治家、株価、戦争、主婦、少年、善意、告発、誰とも知れぬ投稿、そして、渦巻く幻の網《マーヤー・ジャーラ》として。（これって、何でもアリですね！）

電気信号に姿を変えた少女《クマーリー》は、キャッキャッと歓声をあげながら人の世を駆け回り、惑乱し、征服する。その虹色の輝きを前にしては、誰もが声すら出ない。（だって、何を言っても結局、彼女の声になってしまうんですから。）

……ああ！　姫さまのいたずらには、もう、お手上げです！

夜

独りめざめて座す夜の、しじまに心に想うは、母君よ、あなたの瞳。

夜空の月が満ちては欠け、欠けては満ちるように、怒りと慈愛が交差する、虚空にぽっかり開いた秘密の通路。……それを通り抜けるのは誰？

闇に身をまかせ、月の光、夜の露、そして、もう、そこまで訪れている春のかすかな暖かさに身をまかせ、心はあなたを求めて、この身から虚空遥かに駆け上がる。

わが身を貫くのはあなたの吐息、わが恐れをはらうのはあなたの愛、わが愚かさを焼き尽くすのはあなたの炎。


……ほら、ご覧なさい。息子よ。私は今、あなたの胸に訪れます。私の眷属、そして、あなたの兄弟や姉妹である、祝福されたすべてのいのちあるものと共に、今、わが子であるあなたの胸深くに訪れます。虚空から、光から、あの荒野の宮殿から。

炎

太古、人は火を扱うことを覚えた。

鋭い牙も爪もなく、身を覆う豊かな毛も、空を行く翼も、草原を風のように駆ける四つ足もない裸の猿は、こうして人となった。

火は襲い来る獣を遠ざけ、夜の闇を照らし、食べ物の滋養を引き出し、寒さをはらう、人類の守護者。今もゆらめく炎を見れば、遠くその記憶が甦る。


……火よ！　炎よ！　私の体を貫いて下さい。私の眠れる心を目覚めさせて下さい。

すべての恐れと憂いを遠ざけて下さい。

私の眼《まなこ》を開いて下さい。

あなたの熱と愛によって、私を焼き尽くして下さい。

そして、あの不死鳥のように甦らせて下さい。あなたの光の内に。虚空のようにはてしなき、その胎《たい》の内に。

春の雪

空に垂れ込めた、かすかにバラ色に染まった雲。そこから、大きく薄い、白鳥の羽根のような雪が、ひらひら、はらはら舞い落ちる。

一時間、二時間、三時間。思いもかけぬ大雪は、見る間に街を埋め尽くす。

家も、ビルも、道も、公園も、みるみる白い別世界。

……音もない。

……人もいない。

……喧噪もない。

学校が終わって、子供たちが歓声をあげて駆け回るまで、この静かさは続くのだろう。

雪がやみ、再び日差しが現れるまで、この白くたおやかな手によって、街は温かく包まれるのだろう。

それまでは一色。白一色。あなたが時に見せて下さる、そのお姿のように。

夢五題（1）

わが若き日より、夢にあの方は現れる。今、そのいくつかについて語ろう。

〝木や草がうっそうと茂った古い洋風の庭園。その古い池のほとりには、ルネッサンス時代にまで遡るかと思われる古い洋館が佇んでいる。その狭く、薄暗い廊下を歩むと、内装は朽ちはて、ほこりだらけ。気がつくと、自分は池に肩までつかっている。するど、眼の前に髪の長い細身の少女が、同じように池につかっている。年齢は当時の私と同じ、十代の半ばらしい。

池につかりながら、彼女が差し出したのは、黒く、小さなサンショウウオ。私は静かに、それを受け取った。ぬるりとした感触が、手に伝わってくる。〟

彼女は若く美しいけれど、それが住まうのは、遥かな昔からの閉ざされた庭。太古からのいのちを保つ、不思議な少女。これは、当時の私を力づけ、その病を癒した夢。

夢五題（2）

〝ヴェルサイユのような大宮殿。私は鬘《かつら》を着けた十八世紀頃の音楽家として、トンチンカンな演奏をしている。それにたまりかねた聴衆の貴族の男女が、白い壁の広く殺風景な地下の廊下で、私を追いかけて走ってくる。

気がつくと、日本の下町の細い路地のようなところに、私は独りでいる。すると、長い髪の一糸まとわぬ細身の少女が現れた。年齢は、やはり十代半ばらしい。どうしても服を着ようとせず、生まれてから一度も服を着たことがないようだ。

彼女は孤児だというが、実家のかすかな記憶があるというので、一緒に探しに出る。姓は「木矢」で、木工屋らしい。その家があるはずの場所へ行ってみると、そこは実際よりも遥かに裏ぶれた「渋谷」。しかし家はなく、ただ、その巷《ちまた》の奥に古びた木板の系図があって、「晴美　死亡」とある。それが彼女なのだ！　死んだはずの娘が生きている！〟

これは人生の旅半ばで、あの方に誓いを立てる前に見た夢。

夢五題（3）

幼い、幸せな日々を過ごした、緑豊かな川辺の丘。その上に広がる公園は春には桜の花と、人々のさざめきで満たされる。それは若くして死んだ母に連れられて、遠い昔に遊んだ場所。この夢は、そこが舞台。

〝丘から川へと下る急坂を、早春の薄曇りのような淡い光の中、私は同じ位の齢の女性と降りている。それほど痩せてはおらず、いずれかといえば豊かな体つきだ。

彼女は言う、「子供が欲しいの？」と。その言葉に、驚いて目がさめる。〟

どうしても気になって、長く忘れていた地を訪れる。夢と同じ、早春の淡い光の中、まだ枯れがれとした桜の木々をくぐって、少し気味悪いまでに鬱蒼とした裏山に登る。そして改めて気づく。「ああ、ここは何百年も前の合戦で、敗軍が陣を構えた城の跡だったのだ」と。

生と死の行き交う丘。過ぎ去った日々は、いずこに？

夢五題（4）

〝カトマンズのような街の広場に人々が坐って、祈りの集いを行っている。この地でよく行われる供養の物忌み《ヴラタ》のような光景だ。

その上座には、導師のための低く質素な玉座が置かれている。そこへ老婆が来て、坐る。褐色の肌の現地の人だ。小柄で、どちらかといえば痩せている。サリーのような衣装を着ている。どうやら彼女が阿闍梨《あじゃり》で、礼拝の前に灌頂《かんじょう》を授けるらしい。

参加者は、それぞれの前で砂の小さな仏塔を造り始める。私もそれに混じって造る。二つ作ってみたが、少し大きくなり過ぎたりして、案外、難しい。すると、人々の間を回っていた老婆が、私の側を通りかかる時に「つよしちゃん」とささやきかけた。

……その声は、もう死んでしまった私の祖母の声だ。戦争で夫を亡くし、姉と二人でまだ幼い父を育てた、本当におとなしい人だったのだが。〟

最後の夢は、この讃を書いている時の、ある夜に見たもの。

夢五題（5）

夢に現れるあなたのお姿はさまざま。それは、あたかも日々を重ねて満ち、そして再び欠けていく、あの清らかな月のよう。

ある時は少女、ある時は母、ある時は老婆。生まれては生み、老いては心優しい導師となられる。

たとえ太陽の光で月は隠れても、確かにそれは大地を回っている。そのように、たとえ揺れ動く心で一瞬、あなたを見失っても、あなたはいつも私の側にいて下さる。

忘れられた園《その》に病を癒し、死んだはずの少女は見いだされ、死者の丘にいのちを生みだし、人生の苦しみを重ねた老婆となって人々を至福に導かれる。

私があなたを知る前から、あなたは私を知っておられます。もし、私があなたを忘れても、どうかあなたのお力で思いだすことができますように。

救うべきものが尽きないからこそ、あなたの御業《みわざ》も尽きません。一切諸仏の不生《ふしょう》の母よ。あなたの、その炎のようなお姿に礼拝《らいはい》します。

マントラ

あなたを想い、あなたの聖なる言葉を口ずさむ。静かに、静かに、寄せては返す海のさざ波のように、二十四のシラブルがリズミカルに響く。

あなたの言葉は私の言葉。あなたの体、あなたの心はそのままに、私の体、そして心。リズムに乗り、息に乗り、光に乗って、あなたのいのちは世界に満ちる。そう、時満ちて潮がどんどん岸辺を呑み込んでいくように。

カニは砂浜を駆け、魚は水に踊り、海鳥の群れは太陽に白く輝いて、はてしない青空をさっと横切っていく。

あなたが見つめるのは、遥かな虚空。長い黒髪はさらさらと風にそよぎ、すっくと立った肢体は赤々と燃え立って、打ち勝った迷妄の魔の鮮血を、喜びの内に飲みほしていく。炎の肌にきらめく白骨のアクセサリーは、岩に砕ける波しぶきのようだ。

楽の内、愛の内、光の内に、あなたはすべての苦しみを飲みほされる。あなたはすべてのブッダ、すべての聖者、すべてのいのちあるものの母。そして、私の愛する母君。

シリアの聖エフレム

トルコ東端のヌサイビンは、実をいえばもうシリア文化圏。今でも国境の賑わう街だが、古代のニシビスの名のほうがよく知られているかもしれない。ローマ帝国後期にはペルシアとの争奪が繰り返される中にも、シリア教会の中心地として、歴史に輝かしい足跡を刻むことになった。聖エフレムは、そんな時代の宗教詩人。

土地の伝統宗教の祭司の家の出身だが、ようやく公認されたキリスト教に改宗。輔祭《ほさい》として教会に仕え、この街の神学校で教鞭をとった。

その詩は東方教会の典礼の中で歌い継がれてきたが、中でも多くの聖母マリア讃歌は、その激しく情熱的な調べが心に迫る。神は火そのもの！　智天使ケルビムさえ畏れおののいて支える彼を、マリアは胸に優しく抱《いだ》いてあやす、と。至聖なる火に満たされた母にして処女への讃歌が、乾燥した大地に燃え上がる。

……これは、オリエントの一神教の話。

ガンジス

白く、白く、あなたは横たわり、遠く、遠く、あなたの吐息は流れていく。

こちらには喧噪に満ちた聖都。かなたには無人の荒野。広く、広く、広げられたあなたの両腕の間を、灰が流れ、屍《しかばね》が流れ、すべての苦しみが流れ去っていく。

あなたを掬《すく》えば、濁った泥水。無数の巡礼者たちは、そんなあなたに身を沈め、あなたに抱《いだ》かれ、あなたに満たされていく。

舟辺を打つさざ波の音はあなたの歌声。それを聞きながら、あなたの胸の上で、朝の風と光を受ける。

岸辺のコンクリートの壁に描かれたペンキ絵のシヴァ。あなたを頭上に受けとめて、天から迎えて下さった、あの青黒い勇者《ヴィーラ》ですね。

幾多の智者が渡り、ゴータマ・ブッダが渡ったあなたの水面《みなも》を、今、私もこうして渡る。幸いなるガンジス！　白き母！

古城

夏の終わりの夕暮れの空を、虹色の雲が天高くわきあがる。ここは、北関東の名も知れぬ古城。

薄闇に包まれた山道は、かつての登城口。切り立った斜面は、まだ石垣もない頃の城塁の跡だ。

山頂の深い木陰に一筋、二筋と、鮮やかな夕日がさしていく。遠くには田畑や小さな街並、そして連なる山々、色づく空。

かつて繰り広げられたすべてを呑み込んで、ただ、時だけが流れていく。遥かな悲しみも、静けさの内にいつしか消え去る。

……草に、梢《こずえ》に、大空に舞うきらめきよ。

ただ、あなただけが、いつまでも微笑みながら見守っていて下さるのですね。

歩め！

心は風に揺れ、想いは過去の記憶と未来への思いはかりに行き来する。欲望と怒り、不安と恐れ、そして、それと共にうかぶ様々な人の顔、出来事。

ああ、あなたをこんなに慕っているのに、なぜ、こんなにも、あなた以外のものに心を動かされるのか。それは、とても悲しいこと、つらいこと。

でも、生じたものは必ず滅ぶ。この教えは、嵐のような私の心にも、確かに、当てはまる。かの、あなたから生まれた聖者の金言は、帝王が石に刻ませた詔勅のように、縁起の領域《マンダラ》のすべてに行きわたる。

……愛する母君！　この移ろいゆく世界は、あなたが微笑む姿。そこに響くすべての音は、あなたの心やすらぐ笑い声。わきあがるすべての想念は、虚空のように広やかなあなたの心です。私は、それをまだ、目の当たりに見ることはできません。でも、それを信じます。その信に励まされて、歩みます。どうか、あなたのご加護がありますように。あなたは、私の胸深くにとどまられる、慈しみ《マイトリー》あふれる至尊の師《グル》。

火《か》宅《たく》

宵闇に燃え上がる街。まるで地獄絵のような、この世とも思われぬ風景。

陸を覆う津波の水。そこに浮かぶのは、ゴミか思えば家々の残骸、そして車。

これを書いているときに、突然、襲った大地震。テレビ、ネット、新聞で、続々と流される報道、画像。

国境も倫理も超えて、マーケットは世界を支配する。その姿なき権力に、国家も企業もひざまずく。ささやかな幸福も、それをとりなし、つつましく敬っていれば、保証されるはずであったのではないのか。

人は無力。ただ、大地の乳房に育まれるだけの幼子《おさなご》。

愛する母君。かの、あなたから生まれた聖者は言われました。「この世は燃えている！」と。

ああ、普段は忘れがちな真実を、まさか、こうしたことで思い出すとは。

……わが心よ、慎み、畏れよ！　死がまだ来ないことの方が、不思議なのだ。

なすべきことを、すみやかになせ。

失われた仏

世が乱れて、もう久しい。旧世界の産業は衰え、その無力を金融でつくろい、世界の富を騙し取る。いのちと誇りを踏みにじられた怒りは、都市を襲い、人を殺し、そして、バーミヤーンの断崖にたたずむ顔を削られた大仏をも爆破した。

かつては黄金に輝いていたという東西二体の大仏。西の仏の頭上には、帝王のように坐す弥勒を中心とする天上の集い《マンダラ》、東の仏の頭上には天を翔る太陽神の戦車が、それぞれ極彩色で描かれていた。この地の名産ラピスラズリをはじめ、大地の恵みである多彩な鉱物を砕いた彩りを、鋼《はがね》のように強い線で括って描かれていた。

聞くところによると、東の仏の崩れ落ちた瓦礫から『縁起経』が発見されたという。この仏の「たましい」として入れたのだろう。

今はただ、崖にうがたれた巨大な空《から》の凹みが残るばかり。でも、仏はいる。来ることも去ることもないあなたとして、今も確かに、そこにいる。

……諸法従縁起　如来説是因　彼法因縁尽　是大沙門説。

陽炎《かげろう》

さわやかな風に心は浮き立ち、やわらかな日差しに歩みははずむ。春だ！　春が戻ってきたのだ！

四階にあるわが家から公園を見下ろせば、小さな子がよちよち、歩き回っている。それをちょっと遠くから、静かに立って見守る若い母親。

子供たちのあげる声。ボールを投げあう音。

ああ、ごくありふれた幸福な風景。

かつては、私にもこんなときがあったのか。それはまるで、夢のなかの物語のようだ。こんなときにも、震源近くでは地獄のような日々が続いている。

生じたものは必ず滅ぶ。人は死ぬために生まれてくる。

あなたは、その死のしるしをご自身の飾りとされる。その舞い踊る豊かな肢体には、白骨のアクセサリーが陽炎のように揺れ動く。

あなたの微笑みに励まされて、私も世界も生きている。

牧島如鳩《にょきゅう》

空襲に燃え立つ東京の丘に立つ、ロシア風の大聖堂に、続々と亡骸《なきがら》が運ばれてくる。灯明にイコンが静かに輝く内陣の前で、声をひそめて、弔いの祈祷を唱える主教。その傍らで、黙々と巨大なキャンバスに絵筆を振う、黒衣の伝道師。

中心に描かれたのは、天地をつらぬくように大きな誕生仏。幼子の姿ではあるが、その顔は、あたかも〝全能なる者《パントクラトール》〟のような叡智に満ちた表情だ。

周りには、無数の菩薩、天人、そして化生《けしょう》のような子供たち。なかでも豊かな胸をあらわにした、細く美しい眼のマーヤー夫人が心に残る。

また、画家が小名浜の漁港に残した大作では、観音は大海を統べる女神となって、そこにマリアと天使が、あたかも他の国土から飛来したかのように描かれる。

……「日本聖画師　如鳩」。正教会のイコン絵師でありながら、油絵の仏画を数多く残した、謎めいた画家。その絵筆の端々にも、あなたへの讃歌が宿っている。比べるものなきものをお生みになったあなたへの、燃え立つような愛の讃歌が。

ぎゅっと！

千年に一度の大地震。震源から遠く離れたこの街にも余震が続き、しきりに消防車や救急車のサイレン、ヘリコプターのプロペラの音が響いてくる。

テレビに寄せられた、以前、大きな地震に会ったという母親の声。「こうしたとき、子供たちはとてもおびえています。もう体が大きいからといって放っておかず、ぎゅっと抱きしめてあげて下さい」と。

……ぎゅっと！

確かに、お母さんの腕の温もりがあれば、どんなつらいことがあっても、それを子供は乗り切れる。

愛、希望、努力。これさえあれば、きっと困難も乗り切れる。

……ぎゅっと！

柔らかく、温かな、力のこもったその腕に、あなたは確かに現れる。すべての人に秘められた、あなたの炎が今、燃え上がる。

遠い記憶

〃カナカナぜみが　遠くで鳴いた　　ひよこの母さん　裏木戸あけて
ひよこを呼んでる　ごはんだよ　　やっぱりおなじだ　おなじだな〃

私の母が、まだ生きていた頃、よく歌っていたサトーハチローの歌。参加していた合唱団の練習の録音を聞きながら、台所でトントン包丁を使いながら口ずさんでいたものだ。

母が死んだのは四十四歳。ちょうど、今の私と同じ齢。

突然、死んで、最後に体をぬぐった時の、細く白い体の冷たさと固さが心に残る。幼い頃以来、見たことのなかった母の体だったのだが。

このこわばった体が、あの優しい歌をうたっていたのか。

晩秋の澄んだ青空が広がる葬儀の日、庭に咲いたホトトギスの紫の花を柩《ひつぎ》に入れた。

……南無、お母さん。

あなたに会えるとき

いつか、私が世を去るとき、どうか私が迷わぬよう見守って下さい。思いを残さず、惑わされず、ただ、ひたすらに、あなたを念じることができますように。

見よ！　虹色に輝くあなたの眷属《けんぞく》は、傘蓋《さんがい》をかかげ、勝利の旗を翻し、美しい楽の音を奏でながら、死の彼方から幻のように飛来される。

その集い《マンダラ》のまんなかに、燃え上がる炎のようにすっくと立たれるのは、まさしく、あなた。

ああ、これまでに想い続けてきた通りのお姿ですね！

あなたに会えたなら、あなたのもとに行けたなら、もう、何もいらない。なすべきことは、すべてなしとげられた。もう、苦しみも、悲しみもない。

あなたの不可思議な光を前にして、遥かな過去からのつらい記憶も、氷が溶けるように消え去っていく。湧きあがる、喜び！　喜び！　喜び！

あなたは、いのちあるものすべての涙を拭う母。そして、すべての聖者にいのちを与える母。……どうか、その恵みが、私が世を去るときにも、ありますように。

誕生

光満ちみちて、光満ち、さらに光満ちみてる虚空から、遠く、遥かに、あなたの声が響いてくる。あなたの声は私のいのち。その風のような響きに乗って、今、私は生まれでる。あなたとして、光として、炎として。

あなたとして、あなたを讃えよう！

光として、世のすべての闇を払おう！

炎として、至福を燃え上がらせよう！

あなたはすべてのブッダと聖者の母。そして、いのちあるものすべての母。

生まずして生み、姿なくして無限の徳によって飾られた、愛する母君。

……いつか私も、このように、あなたとして生まれ、世に苦しむものがある限り、それらすべての母にして守護者となることができますように。

虚空から虚空へと駆け抜けて、いつも彼らを利益《りやく》することができますように。


（二〇一一年三月二一日　了）

II

雑《ぞう》詠《えい》

追想三部作

春の「時」 ――もしくは、ある家に捧げる挽歌――

涼やかな風は青空に舞い、
散りゆく桜の花びらは地の面《おもて》に接吻する。

歩みゆけば、忘れられたような古い街。
シャッターを閉ざした店々が並ぶ細い道に、その家はあった。
眠るような通りのさらに奥、謎めいた路地の壁際にならぶ植木鉢。
その向こうに、色鮮やかなタイルの柱が、
遠い夢の追憶のように、かすかな光を受けて仄《ほの》かに燦《きら》めく、
湿気を帯びた、その影に。

孤独に歩みゆく老人、
低い屋根の彼方に天を突き刺す、巨大な塔。

その家は消えた。春風に消えた。
焦土から萌え出ずる若葉のように生まれ、
歓楽と、金と、人生とが去来したであろう、その家は消えた。
異国の兵士を遮ったOFF LIMITSの古びたペンキの文字も、
今はもう、どこにもない。どこにもない。
ただ、真新しい更地《さらち》を、柔らかな午後の日差しが、音もなく、抱きしめる。

蕩々と流れる濁流、
その畔《ほとり》で捧げる、夕べの祈り。

おお、「時」よ！

すべてに等しく、安らかな眠りを授けたもう「時」よ！

御身《おんみ》の白く、たおやかな手に導かれ、すべては消えゆく。すべては消えゆく。

まるで、もともと、何もなかったかのように。

あまたの生死《しょうじ》が去来するこの街も、今日も、何事もなかったかのように、夕映えに包まれる。

……ここは、春の濹東《ぼくとう》。鳩の街。


（二〇一四年四月九日）

西成山王頌《しょう》

それは、悲しみの街。
丘の上の真新しいビルとガードに三方を閉ざされ、
ひっそりと「時」の谷間に、すすり泣く。

人生最後の息のように細く続く、忘れられた路地。
古く、閉ざされた家々が音もなく身を寄せ合う、
静寂の彼方への、通路。

それは薄闇の街。
わずかな青空の光もほとんど差さず、
隣町の荒廃さえ、ここには届かない。

古びた通りの閉ざされた家々、
果てに聳える巨大なガード。
その影に、灰色に開く、毒の花。

それは見捨てられた街。
列をなす小さな店先には、
今も原色の女たちが身をさらす。

古びた破風、鈍く輝くタイルの柱。
眼を奪うライトの輝き、交わる叫び！
黒い、男たちの群れ。

それは遠い、遠い、幻の街。
欲と人生に包まれて、

かすかな夢の記憶のように、「時」の中に立ちつくす。

夕闇がこの街を包む。
人通り絶えた路地を、静寂が包む。
長い眠りに就いたこの街を、私はただ一人、声もなく、歩む。

（二〇一四年五月一日）

早春の渋谷円山町

谷底を這うように続く、寂れた街並を見下ろすかのような、忘れられた小さな駐車場。
色あせたフェンスで囲まれた小さな空き地は、
暖かな昼の日ざしに抱《いだ》かれて、声もなく横たわり、
その柔らかな肌を覆うアスファルトの裂け目からは、
若草が、小さな紫色の花を開いている。
静かな野道にこそ似合いのはずの、可憐な花を。
　……ああ、美しい春《ラ・ベッラ・プリマヴェーラ》よ。
　　あなたの白い手が、再び、この円山町を優しく包む。

私たちは原色のホテル。毒々しいラブホテル。
厚化粧のファッションモデルのような、華やかにも醜い、欲の排泄場。
今日もまた、この日ざしの中で、一人の男を吐き出した。

平日の昼間だというのに、背広も着ないで、
髪を伸ばした、四十位の相手もいない男を。
そぞろに独り歩く、得体の知れぬ女たち。
昔は花街。今はホテル街。脂粉の巷《ちまた》。それが私たち。
　……ああ、美しい春よ《ラ・ベッラ・プリマヴェーラ》。
　あなたの白い手が、再び、この円山町を優しく包む。

谷の名は神泉。昔は、清らかな泉が涌いていたそうだ。

そして、そこには墓場があり、遠く江戸の初めに、おびただしい人骨が出土したとも。

まるで、古都のはずれの屍林《しりん》ではないか！

欲の至るところは、必ず、死。

ラブホテルに「死者の谷」とは、ふさわしい。

その谷のおんぼろビルに、不似合いな、若い女性の影がした。

一瞬、西洋人かと思う端正なシルエットだったが、どうやら日本人だったらしい。なぜ？

……ああ、美しい春《ラ・ベッラ・プリマヴェーラ》よ。
　あなたの白い手が、再び、この円山町を優しく包む。

私は地蔵。「大地の宝蔵」という名の、六道《ろくどう》を旅する孤独な僧。
地獄の底から、天の頂きまで、三界《さんがい》すべては欲の炎に包まれている。
今また、向こうの谷底には、
再開発の夢にさまよう者たちが焼かれゆく、
巨大な火刑台のような高層ビルが、次々と建てられている。
いつの世も、死王《ヤマ》の姿で彼らを裁き、菩薩として救うのが私の務め。
道玄坂の古い峠道に、何度も崩れ落ちながらも、満身創痍の石像として、今も立つ。
……ああ、美しい春《ラ・ベッラ・プリマヴェーラ》よ。
　あなたの白い手が、再び、この円山町を優しく包む。

金に売られる愛、貧困に導くＧＤＰ、実を結ばぬ求道。

愚者が愚者としゃべくり、働き、呑み、性交する街。それが渋谷。
華やかなる墓場にして、便所。
流行のファッションをまとった骸骨が集う、死の舞踏場。
しかし、そこにも春は来る。
白く和らぐ風として。白日夢のきらめきをまとう日ざしとして。
あの、アスファルトを破って開く、紫色の小さな花として。
……ああ、美しい春《ラ・ベッラ・プリマヴェーラ》よ。
　あなたの白い手が、再び、この円山町を優しく包む。
　その光に満ちた、吐息と共に。

（二〇二〇年二月二二日）

輪廻と涅槃のエピグラム

死《ハーデース》の風

春の夕暮れに桜散らす、恐ろしき風の音、
ペルセポネー連れ去るハーデースの轍《わだち》の響きの如くして。

……夕べに見た光景を。

ギリシア・カトリックの聖金曜日

萌え出ずる若葉に響く、制服姿の少年たちの鼓笛隊。
夕闇に輝く聖具、イエスの棺。悲しみと、希望の、春。

……エルサレムの旅の思い出に。

千年の都

君府《コンスタンティノポリス》は坂の街。息切らして石畳を昇る。
路地を抜ければ、見よ！ 青空、オベリスク、そして海。そは、黄金の生神女《テオトコス》に守護され
し、帝都。

……イスタンブールの旅の思い出に。

幻《マーヤー》（摩耶）

見はらせば、静かな村。崩れかけた煉瓦の壁。
寺を出ると、木陰によりそっていた赤いサリーの女は、もういない。ここはパルピン、
金剛瑜伽女《ヴァジュラヨーギニー》の聖所。

……カトマンズの旅の思い出に。

南《ダクシナ》のカーリー

緑の谷底にひそむ、三叉《みつまた》の急流。壁に描かれた骸骨、生贄の血！
交わる、女神《デーヴィー》への讃歌、せせらぎの響き。

……カトマンズの旅の思い出に。

マリアの墓

灰色の石積、巨大な穹窿。畏るべき薄闇を、石段は下る。
燦《きら》めくイコンに囲まれた、空《から》の石棺。ここは神を生みし方《テオトコス》の葬られし所、と聞く。

……エルサレムの旅の思い出に。

学者《パンディタ》

一つの謎は、論理学重視のゲルク派で、それを批判するチャンドラキールティが受け容れられていること。
静かな声で語る、南インド、セラとデプンの十年。

……ある方の思い出に。

訳経僧《ロツァワ》

背筋のばし、まっすぐに見すえて、柔らかく澄んだ声で語る。
経の一文字、すなわち法身《ほっしん》、青き空《そら》。

……ある方の思い出に。

(二〇一四年四月一一日)

Bhagavatī 三部作

森のヴァスダーラー　（インドネシア）

宝の壺の如く豊かな稔りもたらして、
この世を支えたもう御身《おんみ》。
ムラビの山見はるかす熱帯の夕べの思い出に、
ふと、その柔らかな恵みの光、憶念《おくねん》す。

La Primavera（春）――サクーのヴァジュラヨーギニー――　（ネパール）

古き宿場ある緑の里は、
御身の慈しみの御腕《みうで》に包まれたり。
木々よ、草はらよ、いざ迎えよ！
春の祭に山より下りたもう、かの母なる方を！

シリアの聖エフレムと炎の聖母　（シリア）

いと高きところで天使も畏れおののく「火」は、
地にておとめの乳房で育まれたり。
そのほめ歌は響く、灼熱の砂漠から泡立つ紺碧の海越えて、
ロシアの雪原の彼方まで。

（二〇一二年五月七日）

夜想三部作 ――画 讃――

マドンナ・リリー

静かな夜に、夢見なさい。
虚空にきらめく光をまとい、銀の月の上に魔を砕く、あのおすがたを。
無垢の白百合はおのれを空しくして高められ、
幸いなる女《かた》と世々に讃えられる。
願わくは、母よ。
舟人《ふなびと》を導く海の星《マリス・ステラ》の如く、
わたしたちを、世の罪の畏れから、あなたの慈愛によってお守り下さい。

……二〇一六年一〇月、桑原聖美さんの同題の絵を見て。

星空の彼方に

かすかに微笑みを浮かべて、遠くを見つめる。
柔らかな眼差しの先は、虚空か、それとも、自らの心の奥底か……
白い両手で、そっと希望を抱きかかえるあなたを、
星たちは、黄金の雨となって祝福する。
この紺碧の夜に。

星空の舞いは不思議。
数知れぬ生死《しょうじ》で彩られた裳裾《もすそ》を、留まることなき「時」の息吹きに翻す。
雷《いかづち》と、竜巻と。
その畏怖に満ちた轟《とどろ》きも、いつしか、静寂の闇に消え去っていく。
この紺碧の夜に。

星たちの海、光の海、はかり知れぬ海……
今、あなたは、その波音に耳をかたむけて、
何かを、見つめている。
この紺碧の夜に。

……二〇一七年一月、真条彩華さんの「雷さまと竜巻さま」「まだ見ぬ彼方」という二つの絵を見て。

夜に集う

息あるものたちがまどろむ、死のように深く、
天のように幸福な紫色の夜。
私は、もう一人のわたしになって現れる。
二人、三人……夜空の星のように、数、限りなく。
わたしはアルテミス、わたしはセレーネ……数知れぬ月の女神たちの輪舞《ロンド》。
そして、私は、子宮のように、はかりしれぬ生命《いのち》の闇。
私とわたし、また、わたし……私は、わたしたちと、舞い狂う。
そう、血のように赤い葡萄酒に酔いしれる、バッカイたちのように。
象牙の肌に煌めく光、それは幻。
せせらぎのように流れる涙、それは夢。
舞おう！　舞おう！　いつまでも舞おう！
……エーオースが、黄金の車を引く白馬たちの、

虚空にひびく蹄《ひづめ》の音を告げ知らせるまで。
白い朝が、くるまで。

……二〇一七年二月、吉田然奈さんの同題の絵を見て。

Le Ballet de la Ikego Nuit（池子の夜のバレエ）

一

闇がおとずれる。夕闇がおとずれる。峯に、森に、谷に、深い夕闇がおとずれる。

山頂からはるかに望む海は残照に黄金にきらめき、死の瞬間のように静かだ。

わずかに残された青空も、血のように赤黒い闇に呑み込まれて、やがて魔性の月が輝く。

深い谷は黄泉《よみ》のように冥《くら》く、もはや何も見えない。

ただ、その底を這うように流れる、小さなせせらぎの声が、
かすかに、闇の中から聞こえてくる。


「わたしは妖精《ニンフ》。この谷の流れの妖精。

切り立った崖から、険しい山道から、

岩にうがたれた大昔の墓穴《はかあな》から、お母さまの大地から、
わたしはにじみ、流れ、集まり、せせらぎとなる。
大きな緑の葉っぱの間に、かわいいピンクの花を咲かせるイワタバコは、
わたしのいちばんのお友だち。
そして、谷の奥で、深い森にかこまれた池になり、
里をうるおして、みんなを助け、
やがて海に流れこんで、消えてなくなるのです。
そう、輝く太陽の力強い腕に抱かれながら、白い波が砕けていく、あの青い海に。」

すると、見よ！
海に向かって切り立った崖の、茂みに覆われた数知れぬ古代の墓穴の闇から、
それにこだまするような声が、次々と響いてくる。

「しかし、何としたことか？　このありさまは！

かつて、われらの田をうるおした水分《みくまり》の恵み、
神とあがめて祭祀したその恵みは、
今やドブ川のように忘れ去られ、荒れ果てている。
しかも、われらの父祖の土地は、
戦《いくさ》の仕方も知らぬ愚か者どもに取り上げられたあげく、
敗れた後は、長く異国の軍に占拠されたままだ。
このように愚かな子孫を育てたことを、われらは恥じ、悔やむ。
そして、呪い、激怒する。
彼らが、恥知らずにも、この国の誇りを語るたびに、
われらの怨念は、何度でも、彼らの上に降りかかるだろう！」

夜風に木々がざわめく中で、目をみはるように美しい星空を横切っていく一機は、
もしかしたら、その異国の戦闘機なのだろうか？

古《いにしえ》の死者たちの夜のバレエが始まる。
山向こうの谷合いの小さな寺から、低い声が聞こえる。
……南無阿弥陀仏、南無阿弥陀仏。

二

ここは、地獄の軍港。
岸壁は赤く焼けて炎そのものと化した鉄。
そこに、戦で死んだ敵味方の死骸が、兵も民《たみ》もなく、
シチューのようにこってりと煮込まれ、
しかも長い歳月を経て、恐るべき腐臭を放ちながら、
ぐつぐつと煮え立つ赤黒い液体となって、海のようにうち寄せている。
繋留されるのは、灼熱の鉄艦。
やはり、あの岸壁と同じように、真っ赤に燃え立っている。

その、原子炉のような艦の中から、嘆きの声が響く。

「ああ、熱い。ああ、苦しい。ああ……
艦は消えることのない炎となって燃え上がり、俺はそこから出ることはできない。
死王《ヤマ》によって、俺は、その艦長に任命されたからだ。
生きている時は中央の司令部で安穏を享受した俺が、
死んだ後に出陣する。
弾薬の大爆発のような光と共に朝を迎え、
焼けただれても死ぬことなく出航し、夢のような敵と一日中戦うと、
艦はひとりでにこの港に戻り、
夜には、艦も俺も、太陽のように燃えさかる炎の中で焼き尽くされる。
しかし、何度これが繰り返されても、この俺は、決してここでは死ぬことはない
……」

「ああ、俺にも、志はあった。
国を守り、民族を守る誇りはあった。
だが、そこに邪心の交じることはなかったのか？
組織（いや、本当はムラだ！）の中での名誉と保身。
もしかしたら、いつしか、そのための戦《いくさ》になってはいなかったか？
そんな私利私欲のために、数知れない敵味方を、そして部下たちを、
死に追いやってはいなかったか？
早く、この地獄から死にたい。でも、死ぬことはできない。
俺が死に追いやった者たちすべての苦しみを、歳月の利息もつけて、俺独りで味わい
つくすまで。」

「わが子よ。苦しみに耐えるのです。その苦しみだけが、あなたを救うのです。
わたしは、あなたが苦しむ限り、あなたと共にこの地獄に留まります。
たとえ、あなたを救うために、恐ろしい死王《ヤマ》の姿を取ってでも。」

地獄の亡者たちの夜のバレエが始まる。
山向こうの谷合いの小さな寺から、低い声が聞こえる。
……南無阿弥陀仏、南無阿弥陀仏。

三

あなたは、知っているだろうか？
帝国は、生きた人間だけにあるのではないことを。
獣の、鳥の、虫たちの、この草深い森の、
この忘れ去られた山野河海にも、帝国はあり、大いなる都があるのだ。
人間でそれを知る者たちは、まずは死者。
そして、生きながら死を感じとろうとする修行者と、同じく詩人だけである。

星空の帝冠、宵闇《よいやみ》の皇衣、峯の梢《こずえ》の帝笏よ！
谷間のせせらぎの讃歌、草むらに秘められた大宮殿、浜に砕ける波たちの祝砲よ！
微生物、虫、ミミズ、蛇、鳥獣、野の花たちよ！
そして、谷や浜辺に葬られた古《いにしえ》の死者たちよ！
今こそ祝うのだ、この帝国の再興を。

「聞け、わが民たちよ！
わたしはこの森の女帝。太古以来、この森を統べる霊である。
この地は、美しい。
波うち寄せる浜辺に向かって開かれた、わが懐《ふところ》には、
険しい緑の谷がいくつも開け、
あなたがたが生きている間も、死んだ後も、安心して住むことができる隠れ家となっている。
谷間には、澄んだせせらぎがいくえにも流れ、

里をうるおし、豊かにしてきた。
しかし、そのすばらしい大地は、愚か者どもによって喰いものされ、
はずかしめを受けた。
彼らは、自分のものでもないこの森を、わが者顔で占拠し、
私利私欲の戦いのために、もてあそんだのだ！」

「今こそ彼らから、この大地を取り戻す。
この地を、もとの美しい山野河海に帰すのだ。
呪え、墓場の亡霊たちよ！
大地をゆらし、海を踊らせて、彼らの住みかを破壊し尽くすのだ。
喰いちぎれ、鳥獣や虫、草木たちよ！
彼らが、おまえたちと同じく死すべき定めを持っていることを思い知らせよ。
颪よ、来たれ！　大地よ、海よ、舞え！
今こそ、すべてを、原初の姿に戻すのだ！

生と死が一つであった、わが領土の本来の姿に。」


山野河海の万霊たちの夜のバレエが始まる。

山向こうの谷合いの小さな寺から、低い声が聞こえる。

……南無阿弥陀仏、南無阿弥陀仏。

四

すべて世にある者は、いつか「終わり」を迎えるものだ。

善人も悪人も、聖者でも凡夫でも。

かの、ナザレの聖者は、「神は善人の上にも悪人の上にも太陽を昇らせる」と言ったと伝えられるが、
われわれは、こう言おう。

「善人も悪人も、いずれ終わりを迎える」と。

……それこそが、救いなのだ。そこでは、誰しも平等である。
たとえ、どのような子であっても、母の愛が同じであるように、
生じたものは必ず滅びる理《ことわり》は、誰にも平等で、慈悲深い。

朝焼けは峯々をうっすらと、恥じらう娘の頬《ほお》のようにバラ色に染め上げる。
黄金の朝日は梢《こずえ》の端々《はしばし》を照らし、さわやかな秋風が、それをかすかに揺らす。
数知れぬ鳥たちの声。
そして、麓《ふもと》では、また人々の一日が始まる。
「おはよう！」と。

「おはよう！　池子の森と、そこにあるすべてのものたちへ。
生ける者にも、死せる者にも、おはよう！
善人にも、悪人にも、おはよう！
人間、鳥獣にも、植物たちにも、おはよう！

峯や谷、崖や草木にも、おはよう！
いのちあるものにも、ないものにも、おはよう！
とりわけ、わたしのかわいい娘で、
この森を育む小さな母でもある、せせらぎの妖精《ニンフ》へ、おはよう！」

「わたしは太陽。
隔てなく、すべてを照らす太陽である。
善くても悪くても、すべての夢から人々を目覚めさせ、
新しい一日の仕事を始めさせる、誠実と努力を愛する太陽である。」

「お父さま、おはようございます！
今日もまた、お父さまの光を受けて、わたしも輝き、
このせせらぎで、大昔から変わらずに、この森を育てていきます。
たとえ、わたしがどのような姿になっても……」

朝のバレエが始まる。
祝婚の雅歌の如き、めでたさで。
山向こうの谷合いの小さな寺から、低い声が聞こえる。
……南無阿弥陀仏、南無阿弥陀仏。

（二〇一八年一〇月三日）

仏母三讃頌《ブッダマートル・トリスタヴァ》

生死海《しょうじかい》のオデュッセイア ――般若波羅蜜《はんにゃはらみつ》讃――

三界《さんがい》の水面《みなも》をさまよって、
古道《こどう》によってふるさとに帰る。
導くのはだれ？
盲目の詩人が見るムーサ、沈黙の聖者《ムニ》から響く真実の声。

……行行《ぎょうぎょう》として円寂《えんじゃく》に至り、
去去《ここ》として原初に入《い》る。

生死の海、縁起の海、法界《ほっかい》の海、豊穣の海を語る

姿なきムーサの物語は、
変幻自在。
シャハラザードの語りにも似て、
無明長夜《むみょうじょうや》が尽きるまで、
尽きることなし。

……三界は客舎《かくしゃ》の如し、
一心《いっしん》はこれ本居《ほんご》なり。

法身の業用《ごうゆう》は、輪廻のある限り尽きることなし。

（二〇一三年六月二一日）

ヨーギニー三身《さんじん》讃

おお、光よ!


めでたき方《シュリー・デーヴィー》よ! あなたが高々と掲げる杖は、三つの畏怖すべき頭《かしら》を貫いている。

一つは生首、一つは干からびたもの、そして、もう一つは月のように輝く白骨の姿。

彩《あや》なす旗は風に靡《なび》き、鈴《れい》とダマルの妙音は、こだまのように、虚空に、響く。


おお、死よ!


すべて息あるものは、それを免れることはできない。

赤きかんばせも硬くこわばり、口からは汚液が流れて、異臭を放ち、白骨と化す。

やがて、墳墓には青草が生えて、夏の太陽が燦々《さんさん》と照らすのだろう。あたかも、何もなかったかのように。

おお、血よ！

無知と、行為と、苦しみと。それは、眠れぬ夜のように長く続く、生死の輪《サンサーラ》。

しかし、あなたは、そのもつれを、一瞬のうちに断ち切ってしまう。ほまれ高き勇者の、剣《つるぎ》のように。

そして、凱歌をあげるのだ！　敵《アリ》の血に酔いしれ、楽《スカ》の舞に遊戯《ゆげ》しつつ。

おお、嵐よ！

吹け、吹け、吹き荒れよ！　ルドラの黒雲は躍《おど》り、インドラの雷音はとどろいて、すべてを流し去る。

光より虹へ、そして、虹より、すべての生者と死者を、母のように救度《くど》する、あなたの幻化《マーヤー》は現れる。

死の静寂より、再生の産声《うぶごえ》があがるように。春の若草のように。

おお、大地よ！

立て！ わが心よ！ 緑深き、かの山へ向かえ。今こそ、旅立ちの時だ。
恵まれた生涯は稀であり、死《ヤマ》の足は早い。それに捉えられぬよう、賢者は常に目覚めている。
願わくは、かの、幸いなる方《バガヴァティー》の成就と恵みが、苦しみの大海すべてを、干し尽くさんことを。

（二〇一五年七月二二日）

天地の母への讃

私には二人の、恩深き母がいる。
天空の母と、大地の母と。

第一は、風のように虚空を駆けゆき、
しかも、いつも私の心を住処《すみか》とされる母。
十六分《じゅうろくぶん》を経て満ちた白き月のように輝く少女の姿で、
しかも、日の老いたる者。
私を、法界《ほっかい》に産んで下さった、恩深き上師《ラマ》。

第二は、暴流《ぼる》の如き運命に呑み込まれ、
遠く、私から去っていった母。
最後に亡骸《なきがら》を拭《ぬぐ》った時の、

まだ若さを保ちながら、冷たくこわばった触感が、忘れられない。
体に人身《にんしん》を与え、心に出離《しゅつり》を教えて下さった、恩深き産みの母。

ああ！　冷たいまでに、青く、澄んだ空よ！
聖者を育む、荒涼たる大地よ！
今こそ、私は、その間に、立ち尽くす。

起てよ！　わが心！
天地を貫く、金剛の柱の如く。
燃え上がる、愛の焔の如く。

今こそ、聖所の覆いは破れ去る。
今こそ、天地は結ばれる。
今こそ、生死《しょうじ》の万象《ばんしょう》は、

愛《いと》しい不二《ふに》の母君の、無尽荘厳《むじんしょうごん》となる。
一切の思議《しぎ》を超えた、その、美しいお姿に。

……涅槃の究極なるものは、すなわち、輪廻の究極である。

（二〇一三年六月三〇日）

III 短篇小説

時の輪

衆生は恰も動いて居る水の中の月の様に無常であり、
又自性が空であると見る……
（笠松単伝訳、月称『入中観論』第四偈前半）

一

浅草は空と川の街だ。地下鉄の狭く薄暗い階段を上がり、寺のような形をした古い建物から地上に出ると、そこに広がるのは、吾妻橋の雑踏と、隅田川の流れに青い空である。

交番に立つ警官にいつも見守られた橋の上には、ひっきりなしに観光バスが行き来し、大柄な白人の女や痩せたバックパッカー風の若者、また、かん高い声で話す中国系の一団といった外国人観光客の面々が闊歩する。人力車を引くバイトの青年たちは、乗客に案内の口上を語りつつ、いかにも重そうに、のろのろと道端を歩いている。

古来、桜の名所として知られた川岸も、今は高速のガードで眺望を遮られて、風情はない。ただ、金色の巨大オブジェが際立つ対岸の有名ビール会社のビルと、どこからでも見える東京スカイツリーが、平成の世の新名所として風景を活気付けているのは、やはり喜ぶべきことなのではあろう。

そんな喧噪の中を、濁り、時に臭気を放つ水が、すすけたコンクリートの橋桁を洗いながら、鈍く流れていく。真夏の午後の空は、どこまでも広い。

上清水《かみしみず》仰真《ぎょうしん》は、浅草の川近くにある寺の住職である。

賑わう表通りから、一歩、裏に入れば、既に商いを畳んだ古い店舗や木造の小さな民家が残る、下町風情が濃い一画である。東に浅草寺、西に隅田川、南に松屋、そして北に向かえば、山谷を経て南千住に至り、また脇へ折れれば吉原にも通じる、深い歴史の襞を秘めた街並みが続く。

仰真は、そんな裏町の、古びたブロック塀と鉄門に囲まれた小さな寺を数十年、守ってきた。

檀家の多くは付近の住民だが、中には川を越えて移った者もいて、盆や彼岸にはそちらにも回らなければならない。そんな家は、七十を越えた仰真は、息子の副住職に任せることが多いが、時には挨拶と運動を兼ねて、橋を渡って徒歩で向かってみることもある。やはり老住職が来てくれると、檀家も一層、喜んでくれるからだ。中には「先生。御達者ですねぇ……」と呼びかけてくる者もいる。国立大学の印度哲学科で学位を取った後、宗門大学の教授をしていたこともあり、退職した今も自坊で月一度、真宗聖典の輪読会を開いたりしているからだ。若い時に梵語写本の研究で洋行したこともあるためか、法衣を脱いで、洒落たネクタイの背広姿で学会に出る時など、なかなかのダンディにさえ見える。

「帰命無量寿如来《きみょうむりょうじゅにょらい》、南無不可思議光《なむふかしぎこう》……」

くすんだモルタル塗りの商家の二階の窓から、仰真が唱える正信偈《しょうしんげ》が響く。テナーのように良く延びた、思いがけず明るい声だ。

今日も、そんな盆参りの帰途である。

仰真は、隅田川に掛かる橋を渡る度に、必ず小声で念仏を口ずさむ。幼い頃の空襲で、この川が地獄の様相を呈したことを知っているからだ。彼の母も、そうした中で死んでいった。川を渡る風に、今日は墨染めの袖をひらめかせながら、仰真は橋を渡る。

その時、ふと、胸に痛みが刺した。

二

「ごちそうさまでした。」

茹でたサツマイモと野菜だけの粗末な夕食を終え、澄子は義母と共に片付けを始める。

戦況の悪化と共に、食糧も日に日に乏しくなっている。それでも新聞やラジオは日本軍の果敢な戦いを伝えるが、もはやこの戦争が絶望的なことは、誰もが心の中では感じていることだ。米軍機の空襲は既に本土に及び、東京でも今年一月には銀座と有楽町、二月には神田が襲撃を受け、多くの民間人が死んだ。

澄子は三十歳。小柄で華奢な体つきだが、はっきりとした顔立ちで、見ようによっては美人とも言える。ただ、この時世では化粧も、おしゃれも叶わないが、それは黙って諦めるほかない。

五歳年上の夫は僧侶ながら兵隊に取られ、今は大陸の原野で戦っているはずである。老齢ながら敢えて疎開せず、夫に代わって寺を守る義理の父母と、二歳になる息子の真一、つまり後の仰真との、四人暮らしだ。

まだ寒さが残る、三月初めの夕べである。

夕食の後は、澄子がほっとできる僅かな時間だ。茶の間に義父母を残して、別室で真一を遊ばせる。

「真ちゃん、これは大事にしてね。お母さんの宝物なんだから。」

幼い真一が、何やらいじり回している。美しい少女の絵が原色で刷られた表紙の古雑誌が、机の上に数冊積んであるが、それを面白そうに取り出しては散らかしているのだ。

まだ日本が平和だった頃、当時、女学生だった澄子が買い求め、ずっと大切にしてきた雑誌である。日本が束の間の自由を見せた大正から昭和の初めにかけて、こうした浪漫溢れる叙情画で飾られた少女雑誌が多数刊行された。テレビもインターネットもない時代、こうした雑誌は、夢を求める少女たちの熱狂的な支持を集めたのである。竹久夢二や高畠華宵《たかばたけかしょう》は、そうした誌面で一世を風靡した画家だった。

澄子もそれに憧れて、一時は絵筆を取ろうと思ったこともあった。しかし、それは時代の変化が許さなかった。ただ、平和な時代と同じく、ほんの束の間だった澄子の青春時代の思い出として、この数冊の古雑誌が残ったのである。

しかし一億総動員の今、こうしたものが見つかったら、たちどころに「贅沢」「軟弱」と指弾されることだろう。だから、澄子はずっと奥にしまい込んできたのである。ただ、今晩はふっと気が向いて、それを開いてみたくなったのだ。

その気持は、もしかしたら、夫のいない寂しさに加えて、春の夜に漂い始めた、微《かす》かな香気に誘われたものであったのかもしれない。生と死の秘密を囁《ささや》くような、その香気に。

表紙絵の少女たちは一様に、憂いを帯びた、現実離れした美しさを漂わせている。夢見るような顔立ちとも言えるが、どこか魔性を秘めているようにも見える。

真一は、いつの間にか、眠り込んでしまったらしい。澄子は、そっと幼い真一の柔らかな髪を撫で、布団を掛けてやる。

戦時も変わらぬ、母と子の一時である。

隣りの茶の間からは、ラジオの音が障子越しに聞こえ続けている。

三

「澄子さん、澄子さん！」

夜もふけた十時半、けたたましく呼びかける義母の声で、澄子ははっと眼を覚ました。古雑誌をめくりながら真一を見守っている内に、つい、自分も眠り込んでしまったようだ。

「どうしましたか？　お義母《かあ》さま」

「大変ですよ、空襲、空襲ですって！　米軍機が近くに来たんですって！」

「ええっ！」

澄子はあわてて立ち上がると、義母と一緒に茶の間に駆け込んだ。こうした時の用心で灯りが消された暗闇の中で、雑音交じりのラジオの声が響く。遠くからはサイレンも聞こえてくる。澄子と義父母は、硬い表情でそれに耳を傾ける。警戒警報だ。凍り付いたような一時が流れた後、思わず澄子は溜息をつく。

警報が解除されたのだ。ラジオによると、米軍機は房総の沖に去っていったらしい。どこかいぶかしく思いながらも、やはり安堵の気持ちがこみ上げる。

「ともかく、良かったこと」

義母の声がする。三人とも、ぐったりと疲れ切っている。

＊

深夜十二時過ぎ、街は閃光と炎、そして叫喚に包まれる。

東京大空襲だ。

米軍機は退去したのではなく、いつもとコースを変えただけだった。警報解除は、全くの誤報だった。

真一を抱え、澄子は老いた義父母と共に寺の門を駆け抜けた。木造家屋が密集する裏町の寺にいては、すぐに焼け死ぬことは間違いない。

川沿いの公園に向かって走る。普段から、空襲の際にはそうすることに決めていたのである。あそこなら、建物もなく、何よりも川の側なので、安全なはずだ。

街のあちこちで火の手が上がる。

夜空は燃え盛る炎で、不気味に明るい。

義父がころぶ。皆が足を止める。

「澄子、お前は早く行けぇっー！　真一を頼む。」

義夫の絶叫。それに寄り添う義母。

二人を置いて、駆け出す澄子。何がなんだか、もうわからない。

切り裂くような泣き声を上げる、抱きかかえられた真一。ようやく公園だ。

ほっとしつつも、心配になって、義父母のいる寺の方角を振り返る。

火の海だ。涙が流れる。

川に掛かる橋からは、燃えさかる街の火を逃れようと、人々が次々と川に飛び込んでいる。飛び込む途中で火に巻かれ、そのまま落下する者もいる。

川にも大きな火の塊が漂っている。流れた油か何かが引火したらしい。火と水で、おびただしい人々が焼かれ、溺れていく。地獄だ。

街を焼く炎で、竜巻のような熱風が吹き荒れる。

恐れおののきつつも、澄子は真一を固く胸に抱きしめる。

倒れる澄子。風に飛ばされてきた何かが、頭を打ったらしい。それでも真一を離さない。

「真ちゃん……」

それが澄子の最期の言葉だったらしい。

真一の顔を、澄子の涙が春の雨のように濡らしていた。

四

それから七十年近くが立った。

仰真は、母の亡骸《なきがら》に守られて、生き延びた。翌日、遺体の下からまだ息のある子供を発見した人々は、口々に「奇跡だ」と驚いたという。

そういえば、仏典には母の死体から生まれた子供の話もあったな……と、仰真は時々、思う。

母の遺体は血にまみれ、火の粉で黒ずんだ無残な姿ではあったが、幸い、大きな炎は近くに来なかったので、それに守られて、幼い仰真は生き延びることができたのである。

戦後、出征していた父も復員した。

寺は焼け落ち、仰真以外の家族はすべて死んだことを知って、さすがに一時は悄然としたものの、生来の気丈さもあって、息子は田舎の親戚に預け、さっそく寺の再建に着手した。

仰真とは正反対に、学問は好まず、むしろどこかの鳶職《とびしょく》の親方に近い風体の父だったが、後妻も娶らず、独力で寺を復興し、仰真には好きなように学問させてくれたことには、ただ感謝するほかない。

たぶん、父も、母を深く愛していたに違いない……と仰真は思う。

そして、あの本と絵が好きだったという繊細な母と、この頑健な父との取り合わせも、考えてみれば妙なものだったな……とも。

その父も、ずいぶん前に他界した。

五

仰真は今、ある絵の前にいる。

普段はあまり用事もない京橋だが、かつて奉職していた大学の図書館が、そこにある古美術商から古い梵語写本の購入を検討しているとかで、目利きを頼まれて、出向くことになった。一度は「写本みたいな細かなことは、もう若い人にでも」と断ったのだが、購入委員を務める教え子の「いや、先生のお墨付きがほしいんですよ」とのたっての願いを断り切れず、というより、本当をいえば、断るのさえ面倒だったからである。「老いると何もかもが面倒になって、つくづく困ったことだ」と仰真は思う。だが、若い者はともかく、既に老人に数えられるような世代の人間で、確かに、自分ほど写本いじりに精を出した者はいないのかもしれぬ……との、秘かな自負もある。幼い日に、母の古雑誌をいじり回して遊んで以来の「古書の虫」だ。ともあれ、写本自体は良いものだったので、購入を勧めることにした。

その帰りに、ふと立て看板に惹かれて入り込んだ画廊で、今、この絵を見ている。自分では「画廊など、柄にもない」と照れくさく思う仰真だったが、傍《はた》から見ると老コレクターのように見えて、けっこう様《さま》になっているようでもある。やはり、一度は画家に憧れたという、母の血を引いているからなのかもしれない。


その絵は、ほぼ正方形の水墨画だった。

看板の小さな写真では分からなかったが、ほぼ一メートル四方もある。

中央に瞑想するような姿の女性が、大きな蓮華の上に坐っている。細身の体つきの美しい女性だが、表情は厳しい。その両脇からは炎の輪が廻り、掌や周囲にも雫《しずく》のような形の小さな炎が舞っている。その中には、蝶が燃え落ちていく姿を描いたものもある。女性の毛筋や髪飾りの描写は繊細で、水墨の濃淡を活かした背景には奥行きが感じられる。

何よりも、「水墨」というクラシックな技法で、現代的な美しさを感じさせる女性を描き出しているのが、新鮮に見えた。

仏画のような構図なのも、寺に住む仰真には親しみが湧く。

タイトルには「時の輪」とある。


どうやら個展らしく、作者が声を掛けてきた。三十代位の女性である。どこか、この絵の主人公に似た雰囲気もあるだろうか。首に年代物らしいロザリオを掛けているのが、おしゃれで、個性的でもある。

「これは何を描いたものですか?」と、孫のような作者に、仰真は尋ねる。

「輪廻を描いたものです。輪廻して、時の中を経巡っていく生命《いのち》を描こうとしました」と女性は答える。

「そうですか。実は私、坊主なんです」

あれこれ話す内に、コーヒーも出てくる。「時の輪」を含む展示作品の数点は、秋から地方にある高畠華宵ゆかりの美術館で展示される……と、若い作者は嬉しそうに語った。父から、母が大好きだった昔の挿絵画家として、聞かされていた名前だ。

壁に掛けられた他の絵や、テーブルの上にある作品の写真を集めたファイルを見ると、女性に、昆虫たちを添えて描いたものが多い。昆虫たちは、絵の中の女性の「友達」のようでもあり、あるいは「分身」のようでもある。作者が話すところによると、昆虫は子供の頃から好きだったそうだ。しかし、多くの絵の中でも、この絵のように燃え落ちていく悲しげな姿で昆虫を描いたものはない。何を意味しているのだろう？

ただ、その悲しみの中にも、何か凜《りん》としたものが漂う画面がいたく気に入って、結局、仰真はこの絵を求めることにした。ちょうど、副住職の努力もあって、念願の庫裏兼檀信徒会館の新築が実現したところだったので、その玄関を飾るために、ポケットマネーでプレゼントして、驚かせてやろうと思ったのである。もっとも、寺に持ち込んですぐ、しばらくは美術館への貸出となるが、「母が大好きだった画家の美術館だから、それも良い供養だ」と仰真は思う。


支払いのサインを済ませると、作者の女性が語りかけてきた。

「実は、この絵は顔に少し細工というか、実験的なことをしています。ごく薄く、眼に見えない位の薄さで、墨を目の下に涙が流れているように描きました。私にとって、涙は人の心を浄化してくれるものなのです。生命《いのち》と等しく、儚《はかな》くも美しいものだと思うのです。」

よく見ると、確かに、両目の下から頬にかけて、ほんの微《かす》かに、涙の筋が流れているように見える。何に涙しているのだろうか？　燃え落ちる蝶に？　その生命《いのち》の悲しみに？

その時、仰真に、遠い記憶が蘇ってきた。あちこちで炎と叫び声が行き交うあの恐ろしい夜、川辺の公園で倒れた母が何か言ったような、そして、何かが自分を濡らして、救ってくれたような、おぼろげな感覚の記憶である。

「ああ、母さん。やっと今、戻ってきてくれたのですね。」

仰真は、そう心につぶやいた。

＊

人は愚かである。だから、何度でも過ちを繰り返す。その過ちが続く限り、苦しみは決して絶えることはない。

だが、それに涙する者がある。苦しみが続く限り、それに涙し、救おうとする者がいる。

苦しみが尽きないならば、涙も尽きることはない。念仏とは、もしかしたら、その涙の雫《しずく》のことだったのではないか。

今こそ、その雫が海へ帰するのだ。大悲《だいひ》の海へ、誓願《せいがん》の海へ、光の海へ。

そして、私自身の生命《いのち》も、また。


母よ、母よ、大いなる母よ、光よ、それより流れいずる大いなる涙よ。私は、それに帰命《きみょう》致します。

南無不可思議光、**namo acintya prabhāya**！

光より現れ、この世に苦しみのある限り、生命《いのち》を保って、すべての苦しみをぬぐい去ろうとされる涙なる御仏《みほとけ》よ。私はあなたに、一心に、帰命致します。

……南無阿弥陀仏。

急性の心臓発作で画廊で倒れ、病院に担ぎ込まれた仰真の死亡が確認されたのは、それから約一時間後のことだった。

（二〇一四年六月二三日　了）

ある朝の松籟館《しょうらいかん》

春の夜の夢の浮橋とだえして　峰に別るる横雲の空

（藤原定家）

一

「おはようございます！」

深い緑の黒松が林立する浜辺の広大な庭に、力強い男性の声が響く。枯れた響きの、かなりの高齢者の声だが、あくまでも力強く、潔い。まるで、人生最後の出陣に、金銀で飾られた黒糸おどしの大鎧《おおよろい》に身を固めた老武者があげる鬨《とき》の声のようだ。

「まあ、おはようございます。水月洞《すいげつどう》さん！」

こちらも生きの良い、老婦人の声。朝日がきらめく、早春の真っ青な空で「ぴーひゅるるー」と鳶《とび》が呼応する。こちらはさしずめ、尼将軍の号令か。

「こちらは倅《せがれ》と店の者です。」

老人が、四十過ぎ位の壮年の男と、アルバイトらしい青年を紹介する。

「はじめまして。」

二人の男が丁寧にお辞儀をする。

「まあまあ、権《ごん》ちゃん。すっかりご立派になって。もう、すっかり一人前の鎌倉の道具屋さんね！」

照れる壮年の男に代わって、老人が答える。

「ありがとうございます。未熟ながら、普段はこの倅が店を取り仕切っております。しかし、今日は、ほかならぬ松籟館さんの仕事。いても立ってもいられず、及ばずながら、この老いぼれも付いて参りました。」

「本当にありがとうございます。会長さん。」

老婦人が答える。どうやら、今は息子が社長で、老人は隠居の身らしい。

「それにしましても、お宅の啓書記《けいしょき》の山水は、いいことをなさいましたな。恒例の端午の節句の茶会では、いつも書院の床《とこ》にでん！　と掛けられていたのを思い出します。初夏のさわやかな風が、朝日に照らされた渓谷の松の枝を揺らしている絵柄。本当に、鎌倉のどこかの谷戸《やと》の景色のようです。広い松林が目印の松籟館さんにはぴったりの御軸《おじく》でした。正直申しますと、商売人としては、ぜひとも扱わせて頂きたいものでしたが。」

「ありがとうございます。」と老婦人。「でも、やっぱり何百年も前の戦乱の世に、あの建長寺で絵筆を揮《ふる》った偉いお坊さまの絵ですから、やはり、皆さんの眼に触れる所に収まるのが一番と思いまして。」

「もちろんです。鎌倉国宝館へのご寄贈。本当に結構なことをなさいました。三和君が『間もなく国指定の重文になる見込みです』って、言ってましたよ。」そう、老人が応じる。三和君とは老人の息子と高校で同級生だった寺の息子で、国宝館の学芸員をしている。

「本当に。これはうちの初代が惚れ込んで、創業間もなくでお金もないのに、どこかの旧大名家の売立てで無理をして手に入れたものですから。『この絵は、鎌倉にあるべきだ！』って、聞かなかったそうです。それで先代も、どんなに経営が厳しくても『これは、うちの魂です』と言って、決して手放しませんでした。」

初代とは、この松籟館を創業した老婦人の祖父。先代とは、初代の死後、それを引き継いで一時、経営に携わった祖母のことである。

松籟館とは、鎌倉・由比ヶ浜にほど近い、狭い路地が迷路のように入り組む古い住宅地にある木造洋館造りのホテルである。「松籟」とは松の枝が風にそよぐ音のこと。茶の湯では、茶釜で湯がたぎる音を、それに喩えて「松籟」と呼ぶ。その名の通り、ホテルの広大な敷地には黒松の林が幾重《いくえ》にも広がっている。浜に続くだけあって土壌は砂地に近く、鎌倉市街の平地が小さな湾だった数千年前には、たぶん、湾の入口に突き出た砂洲のような場所だったのだろう。夜ともなれば、その松風の音が宿泊客たちの優しい子守唄ともなる。そんな土地に、大正の自由な気風の中で、当時では珍しく西洋で観光業を学んだ初代が、上流階級や外国の金持をあてこんで始めたのが、この松籟館である。

戦前、鎌倉が東京から「遠からず、近からず」の風光明媚な別荘地として栄えた頃には、多くの金持や文化人の溜まり場となって、優雅なサロンの趣きを呈したものだが、敗戦後には米軍に接収され、将校たちの保養施設となった。返還後にはホテルとしての営業を再開、昭和の高度経済成長時代にはそれなりに繁盛もした。しかし、やがて周囲の開発によって浜辺の美しい風情がだんだんと薄れ、また、横須賀線が総武線、次いで東北本線、高崎線と直通運転するようになって交通の便が良くなると「鎌倉は日帰り」が定着して、宿泊客は急速に減っていった。

それでも、従業員の給与や税金の支払いは馬鹿にならない。そこに追い打ちをかけるのが、古く大きな洋館の維持費だ。今風の鉄筋に立て替え、どこにでもあるリゾート施設にチェンジして、修学旅行生などの団体や、平成に入って日本の衰退と引き替えに一気に増えた外国人観光客を受け容れれば、何とかやっていけるはずなのだが、初代の「たっぷりとお金を払って下さる個人のお客様が、それに見合うだけの充実した時間を、ゆったりと過ごせる高級ホテルにしたい」という志を大切にして、古い姿のままにしている。それなりの数の従業員も「サービスの質を落とさないために」と言って、リストラはしない。

なるほど、そうした松籟館の過ぎ去った栄華は、登録有形文化財として公的なお墨付きを得た洋館や、随処に置かれた一流の美術品の数々、また、顧客の一人一人をその名で呼ぶほどにきめ細かな従業員の対応や、ミシュランでも高い評価を得た見事な食卓に、永く面影を留めている。しかし、それが何になるのだろう？

　今の鎌倉は、少女漫画や軽い小説の舞台となって、それが映画やドラマになることにより、辛うじて「湘南のおしゃれスポット」として人気を繋ぐ場所になってしまった。昔は地味な商店街ながら、所々に味わい深いレストランや道具屋のあった小町通りも、もはや原宿と変わりがない。外国人観光客も、多くはあまりお金を使わないバックパッカーである。そんな中で、一体、松籟館に何ができるというのか？

　案の定、バブル崩壊後、経営は急速に苦しくなった。客は減る。経費はかかる。建物が文化財として登録されても、重文にでもならない限り公的資金から維持費が出る訳でもなく、ただの空手形にすぎない。

　かくして、平成もそろそろ三十年に近づくある年の早春の、昨日が最後の営業日となった。周囲からは「建物を今風にした上で、外国人観光客をメインに、何とか経営再建を」との声も多かったのだが、外国人観光客がたくさん来るのも数年後の東京オリンピックまでだろう。それまでの営業で、再建のために必要な巨額の借金を返せるという保証はない。何よりも、こうした方針が、はたして初代の志に添うものだろうか？　今の土地・建物を買い取って、ほど近い鎌倉近代文学館のように、保存・再利用の道を講じてくれる相手も八方、手を尽くして探してみたが、今のご時勢では結局、無駄だった。

そこで、ホテルは廃業し、その資産一切を売り払って負債を返し、何よりも厳しい中を最後まで勤めてくれた従業員たちにきちんと退職金を払うのが、最後の経営者としての義務である……と、老婦人は覚悟を固めたのである。あたかも、落城して腹を切る武者のように。

今朝、郎党と共にホテルを訪れた老人は、建物を解体する前に、中の美術品すべての処分を任された、すぐ近くの長谷に向かう大通りにある老舗の道具屋であった。

昨日、最後のお客を送り出してからも、夜遅くまで、老婦人は館内や帳簿を見て回っていた。解体前に、やり残したことはないかをチェックするために。そして、至る所に幼い頃からの思い出が残る、この忠実な老執事のような建物の隅々まで愛《いと》おしみ、別れを告げるために。

どうやら、さすがに、疲れが出たらしい。道具屋の一行を出迎えた後、ふと休んだ由比ヶ浜を見渡す出窓の前の古い木の椅子の上で、老婦人はまどろんでしまったようだ。

二

「お父さま……」

磨き込まれた木の柱を午後の光が柔らかく照らす洋館の広間で、母の悲しげな声が響く。海に面した大きな窓で、由比ヶ浜からの風がレースのカーテンを静かに揺らしている。はっきりと眼に浮かぶ光景なのだが、遠い記憶か、それとも夢の一場面なのかは良くわからない。

「わたくしは、商売には向きません。これからも広道さんの絵の道をお助けしたいのです。」

ホテルの支配人として黒いスーツに蝶ネクタイで威儀を正した老祖父が、黙りこくって、銀縁の丸い眼鏡の奥から母を見つめている。海の光が祖父の顔に刻み込まれた皺に深い陰を落とし、白髪は銀色に輝いている。母は、古い和服の生地を転用した質素なものながら、スカートの裾がふわっと広がった、当時はやりのワンピースを身に着けて、どこか華やかだ。婦人雑誌の記事をもとに、裁縫上手の母が自らの手で作った服である。……そういえば、ずいぶん昔になるが、鎌倉駅の近くにまだ映画館があった頃、若い従業員たちに誘われて見に行った映画「ゴッドファーザー」第一話のはじめで、結婚披露宴でダンスに興じていたイタリア系アメリカ人の女性たちも、似たようなドレスを着ていたのではなかったか？

盧溝橋《ろこうきょう》、真珠湾、敗戦。そして、米軍からホテルが返還されて、日本の復興と共に、ようやくホテルも再び繁盛して来た頃の、ある日のようだ。広道とは父のことで、横須賀で高校教師をしながら、洋画家として作品を発表し続けていた。今、着ているワンピース姿で椅子に腰掛ける母を描いた大作はめでたく入選し、戦後の神奈川における新進画家として注目を集めるきっかけとなった。清楚な色彩ながら、堂々としたデッサンと構図で、なるほど、娘の私から見てもいい作品だと思う。さわやかで、新しい時代の息吹が感じられる。何よりも、父の母への愛情に溢れた作品だ。思えば、こんな大きなラブレターを堂々と展覧会に出品する父も、大したものである。

ただ、根っからの芸術家肌の両親と、ホテルに生涯を捧げる経営者としての祖父との関係は、良好ではなかった。

確かに、祖父も中世鎌倉の大画僧・啓書記の掛軸をホテルのシンボルに仰ぎ、広間では折に触れて室内楽の演奏会も開くように、芸術への理解は深い。ただし、本業はあくまでもホテル経営である。顧客へのきめ細かなサービスを磨き上げる一方で、決して算盤《そろばん》を忘れず、松籟館を鎌倉一のホテルへ育てあげた。それが祖父の誇りである。芸術への理解も、最終的には「いかにホテルを美しく、魅力的にするか」という一点に向かっていたように思う。同じく芸術との接点があるといっても、ひたすら創作に打ち込みたい父、そして、その道を共に歩もうとする母とは、天と地ほどの差があった。

午後の日差しに、木目《きめ》込み細工の床板が輝いている。その美しい木目《もくめ》が、非現実的なほどにはっきりと見える。

「そうか、ホテルは継げないというのだな。」祖父が言う。

「はい。」母が答える。

「俺もこの歳だ。ぜひ、大事な一人娘のお前に後を継いでもらいたいのだが。」

「それはできません。」思いがけず、きっぱりとした口調だ。

「それなら、悪いが、お前に継がせる財産はほとんどないぞ。俺はこのホテルにすべてをつぎ込んできたからな。ホテル以外の財産は、ほとんどない。いいか。」

「結構です。」

それ以来、祖父と両親とは疎遠になったが、祖母が時々、横須賀の家を訪ねてくれることで辛うじて繋がりを保っていた。あまりにも仕事に厳格な祖父との暮らしの中で、祖母にとっても、国鉄で数駅の横須賀へ遊びに行き、幼い私と接するのが、大切な息抜きの時間だったのだろう。おばあちゃん子だった私も、祖母が来るのをとても楽しみにしていた。物心つくようになると、夏休みには、ホテルの敷地にある従業員寮の空部屋に泊めてもらい、由比ヶ浜に添って広がる松林を駆け回り、父を真似てスケッチし、そして憩うのが恒例となった。

やがて祖父は生涯を終えた。その後は祖母がホテルを切盛りしたが、体調の悪化により間もなく、子供の頃からここに馴染んだ私が、母を飛び越して後を継ぐことになった。祖父母も、いずれ私に継がせたいと考えていたらしい。今はその祖母も両親もこの世にいない。結局、結婚することもなかった私には、このホテルがわが家となった。

三

松風の音がします。浜から松風の音がします。夜なのに、真っ青に明るい不思議な空の下で、妖精たちが歌うような松風の音がします。

その明るい闇の中で、私は、松籟館への細い道を歩みます。

気がつくと、私は、横須賀でおばあちゃんと遊んでいた幼い頃の姿。それでも、松籟館には仕事で向かいます。だって、私がいないと、ホテルがつぶれてしまうもの。

遠くで声がする。男の人、女の人。驚くような、恐れるような。

松林から声がする。何だろう？

ふと見ると、先代が死んだ後に従業員寮を立て直した時の様子になる。創業からの古い建物を取り壊して、居心地の良い新しいものにするのだ。本館の洋館は、たくさんのお金がかかっても維持するけれど、こうした実用的な部分は便利な方が良い。子供の頃、毎年のように夏休みに泊まった思い出は、大切に心にしまって。

声の方向へ駆け寄ってみると、古い建物を壊した場所から、たくさんの白い人骨が掘り出されている。砂地の中に折り重なる、数え切れないほどの骨。いったい、これは何？

すると当時はまだ生まれていないはずの三和君が大人の姿で出てきて、言う。「ああ、ここは中世の庶民の墓場だったんですよ。滑川《なめりかわ》より西側の由比ヶ浜一帯は、彼らの遺体をほとんど遺棄するようにして葬る場所だったのです。ちょうど、今でもインドのバラナシの川岸に、生焼けの死体が転がっているのに似た感じかもしれませんね。近くの和田塚は、本当は

『無常堂塚』と言って、古代の円墳が、中世にはそうした墓場になったものなのです。今回は、新しい寮の建築前にそれが出てきたので、発掘調査をしているところです。」

真っ青な明るい夜、緑の松林、白い骨、きらめく海。……怖くて、悲しいけど、何だか、とってもきれい。

そうだ、明日でこのホテルはお終いなのだ。

おじいちゃん、おばあちゃん。ごめんなさい。

私の力不足でした。

でも、ここで働く人たちも、ここにあったいろんな大切なものも、きちんと、みんな幸せになれるように、明日、最後の頑張りをします。

このホテルは、私のお家《うち》でした。大切な思い出でいっぱいです。

でも、本当は、ホテルができるもっともっと前から、いろんな人たちの思い出がつまった場所だったのですね。何も知らない子供の私は、このたくさんの骨さんたちの上で、すやすやと眠っていたのですね。

この骨になった人たちにも、きっと、それぞれの大切な人生があったはずです。
おじいちゃん、おばあちゃん。
おかあさん、おとうさん。
そして、最後に、このホテルを見届ける、この私のように。

「そうだよ。その通りだよ。
私たちは、ずっとそれを見てきたのだよ。
たくさんの命が、この浜辺を通り過ぎていったのだよ。
辛いこともあった。楽しいこともあった。
でもね。私たちはずっとそれを見てきたし、これからも見ていくよ。」
……そう、松風たちがささやいたような気がした。

四

「支配人、支配人！」従業員が老婦人に声をかける。

「あら、私、居眠りをしてしまったみたいね。ごめんなさい。」

老婦人が椅子から立ち上がる。それでも、心の奥に降りて行ったような眠りの疲れで、少し体が重い。

もう日は高く昇っている。早春とはいえ、かなり暖かい。

「水月洞さんが、支配人にお聞きしたいことがあるそうです。」

「何かしら？」

ようやく眼が醒めてきた老婦人は、いそいそと、道具屋がいる倉へ向かう。

「ああ、社長！」戦場で援軍を見届けた武者のように、老人が輝く声で呼びかける。

「これはすごいですよ！　この古い木箱。江戸はありますね。御家流《おいえりゅう》で『高麗《こうらい》香炉　釈迦堂』って書いてありますが、そんなもんじゃない。何だと思います？」

興奮した老人の声。「御家流」とは中世の能書家として名高い尊円法親王以来、京都の青《しょう》蓮院《れんいん》に伝えられた書流で、江戸時代には正式な文書に広く用いられたものである。「高麗」とは、韓国の高麗青磁のことだろう。「釈迦堂」とは伝来した寺院の名前だろうか？

「何ですの、大将。」老婦人が、半ばあきれ顔で言う。

「官窯《かんよう》です！　南宋官窯の青磁鼎《かなえ》型の三足香炉です！」老人が答える。

「官窯って、中国の宮中用の焼物ですか？」松籟館の主《あるじ》として、老婦人には多少の古美術の嗜《たしな》みもあった。

「そうです！　韓国沖の古い沈没船からも同じものが出ています。鎌倉時代の日本に運ぶ中国の焼物二万点近くを積んだ貿易船が沈んだものです。鎌倉で発見される中国の青磁は、ほとんどが民窯の龍泉窯《りゅうせんよう》のものですが、まさか、官窯が出てくるとは！」

老人の息子が初めて、口を開いた。かなり理屈っぽい。学芸員の同級生と話が合うはずだ。息子は続ける。

「箱書きに『釈迦堂』とありますね。これは、釈迦堂《しゃかんど》切通しの北条時政邸址と言われてきた場所の出土品かもしれません。それを裏付けるかのように、貫入《かんにゅう》の辺りには僅かに土銹《どしゅう》がありますす。あそこからは、南宋から元の見事な龍泉窯青磁がいくつか出土して、今は東博に展示されていますからね。こうしたものが出る可能性は充分にあります。」

「貫入」とは焼物の表面に入ったヒビであるが、南宋官窯では天然の「玉《ぎょく》」のような効果を狙って意図的に造り出したものらしい。「土銹」とは埋まっている間に土が銹《さび》のように染み込んでいる状態のこと。「東博」とは言うまでもなく、上野の東京国立博物館である。

「まあまあ、何でもいいですけど、会長さん。もう私も面倒なので、適当にほかと合わせて見積もっておいて下さいな。」老婦人が面倒臭そうに言う。

「大変貴重なものですが、お言葉に甘えて、そうさせて頂きます。しかし、これは商売には致しません。私も国宝館に寄贈させて頂きます。あの啓書記の軸と一緒に。何でしたら、これは残して、社長のお名前で寄贈して頂いても良いのですが。」老人が答える。

「いえいえ、水月洞さんとは初代からのお付き合いじゃありませんか。それぞれ連名で寄贈しましょ。」老婦人が微笑んで言う。

黒ずんだ古い木箱の横で、青空を結晶させたような色の青磁香炉が、柔らかな日差しに輝いている。

それから一年後、修復中の国宝館に代わって、昨年オープンしたばかりの別の展示施設で、特別展「由比ヶ浜松籟館旧蔵の文化財」が開催された。駅から隣りの谷への小さなトンネルに向かって十分ほど歩いただけの場所であるが、早くも静かな山里の風情を漂わせるのは、いかにも鎌倉らしい。中世の寺院跡で、この地独特の横穴墓のやぐらもある。近世には刀鍛冶が住み、戦前は財閥の別邸だったそうだが、平成には、ある成功した企業がヨーロッパの何とかという建築家の事務所にウルトラ・モダンな別荘を建てさせたものの、経営が厳しくなって、結局、鎌倉市へ譲渡・売却される形となった。展示施設はそれを再利用したもので、どこかの新興国にでもありそうな建物だが、歴史を秘めた谷間と不思議な調和を保っている。ここも今はない松籟館と同じく因縁ある土地なのであろう。

小さな展示室の正面に、目玉の啓書記の山水軸と南宋官窯の青磁香炉が、一体の床《とこ》飾りのように展示された。周囲には、かつて松籟館を彩った名品の数々が飾られ、隣室ではありし日の松籟館を伝える動画が上映されている。緑の谷間に、由比ヶ浜の松風と青空が広がっていく。

図録の解説は三和氏が担当し、新たに重文となった山水軸を詳説するのはもちろんのこと、青磁香炉についても伝来の経緯を記した寺院文書《もんじょ》を見つけ出し、それが古くから鎌倉にあった品であることを明らかにしていた。それによれば、やはり香炉は江戸時代に釈迦堂から出土したもので、その後は近くの古寺に伝えられたが、明治初めの廃仏毀釈の混乱の中で手放され、文書はその時の売却記録である。香炉もいずれ文化財指定されることだろう。あの沈没船の積荷からも予想できたことではあるが、それでも、実際に鎌倉の由緒ある遺跡から南宋官窯の青磁が出土していたことは、当時の中国との貿易のあり方に再考を促す、画期的な発見だったのである。

……「ぴーひゅるるー」早春の青空に、今年も鳶の声が響いている。

（二〇一七年一一月二九日　了）

鎌倉猫又城《ねこまたじょう》戦記

Μῆνιν ἄειδε, θεὰ, ……
怒りを歌いたまえ、女神よ、……
（ホメーロス『イーリアス』冒頭）

一

愚かなことよ、愚かなことよ。
ああ、青く輝く海を見わたす白い浜辺の松林は、今や失われた。
魔界の女神ヘカテーの怒りの如く、深く、冥《くら》い谷も、今や崩され、埋められて、高き値《あたい》で取引されて、姦商《かんしょう》たちの富と消え去る。

中国の原野、太平洋の海原《うなばら》に始まって、広島、長崎の原爆に終わった戦争に日本が敗れてから、そろそろ七十年が近づくある春、鎌倉は失望に包まれていた。ユネスコの世界遺産登録へ向けての活動を始めてから二十二年、最終的に固まった「武家の古都・鎌倉」というコンセプトも空しく、登録を実質的に左右するイコモスから取り下げを勧告されたからである。

その間、色々なことがあった。登録については市民も賛成、反対に分裂。市は一応、登録を推進しながらも、落石の起こった釈迦堂の洞門は工事用の囲いの中に長く放置され、歴史と景観の両面で重要な鎌倉海浜ホテルの広大な跡地の行方についても、今なお目処が立たない。

さらに、登録時の案内所とするために、かつて成功したある企業から、不透明とも言える形の不動産の寄贈・売却の話を市が受け容れて、結局、登録が流れた後に、集客・採算の面で疑問を残したまま、そこに展示施設が作られることになった。「一度、決まったことは絶対に変えない」という、いかにもな御役所仕事だが、さらに振るっているのは、「高級住宅地」とされる周辺地域の住民の「観光客が入り込むと、うるさくなる！」という反対で、最も入館者が多くなるはずの日曜・祝日が休館になることだ。

なるほど、役人は「金を使う」のが仕事なのだから、ともかくオープンさせて、既定の予算さえ消化してしまえば、後は「野となれ山となれ」である。一方、鎌倉の住民といっても、所詮は東京近くの住宅地。明治以来、たまたま、小金をつかんだ政治家、軍人、資本家、そして、いわゆる文化人から一般市民に至るまでの余所者が、にわか作りの高級別荘地、住宅地としてのブランドに惹かれて入り込んできただけのことである。それを狙って、開発業者は抜け目なく、時には違法・脱法な手段まで用いながら、山を崩し、谷や海岸を埋めてきた。その構図は、山谷や釜ヶ崎などのドヤ街で、最後の生きる手立てを求めて流れ込んできた日雇い労働者の僅かな金を、虎視眈々と手配師や暴力団が狙ってきたのと、動く金の桁を別にすれば、全く同じである。さらには、邸宅であれドヤであれ、住人が定めなく移り変わっていくのも。

大きな邸宅や別荘は転々と持ち主を変え、あげくの果てには消えて空き地となり、分割されて売り払われる。一般の家々でも、持ち主が変わって建て替えられる風景は、他の地域に比べてもかなり多いようだ。落ち着きのない街、鎌倉。その狭い土地に、観光客が、住人が、浮き草のように漂って来ては、去っていく。そう、ドヤ街の日雇い労働者と同じく、何がしかの金をそこに落としながら。

結局、動く金の額に違いはあっても、近代の鎌倉はドヤ街と同じく、「流れ者の街」として発展してきたにすぎない。しかも、住民がそれを自覚していないだけに、山谷や釜ヶ崎よりも何倍もたちが悪く、愚かである。

その矛盾を象徴するのが、日本の美しさを謳歌する作品を書いて世界的な文学賞を取りながら、昭和の高度経済成長も終わりに近い頃に、鎌倉の山を乱開発した残土で埋め立てた海岸に建つ高級リゾートマンションで不審死した、あの作家の姿かもしれない。その姿は、冬のドヤ街の路上で凍死するホームレスや、しばしば、それに隣接してある旧赤線地帯の遊女塚よりも哀れである。少なくとも、ホームレスや遊女たちは、自分自身を裏切ってはいない。

……本当は、誰も鎌倉を愛してなどいない。

世界遺産などというのも馬鹿げたお墨付きにすぎないが、それにしても、登録されないのが当たり前なのである。人々の心は、限りなく乾いている。

二

立てよ、ネメシス！　復讐の女神！
朝霧の如く、峰々より集え、勇者の怨霊《おんりょう》たちよ！
波の音《ね》と響き合わせよ、嘆きの声を！　浜辺に葬られた、名もなき骸《むくろ》たちよ！
首領となるは、高時房天雷《こうじぼうてんらい》。
千の頭に、それぞれ三眼を持ち、千の尾、四千の脚《あし》を持つ、
鎌倉の海岸すべてを覆うほどに巨大な、青黒い、変化《へんげ》の大猫《おおねこ》。
付き従うのは、十万の魔猫《まびょう》、そして、山野河海《さんやかかい》の万霊《ばんれい》である。
彼らが集うのは、山深い谷川のほとり。
凡夫の眼にはわずかな草むらにしか見えなくても、
神通《じんづう》の眼にはヒマラヤの如き巨城と見える。
大怨念より生じた幻の城の故に、いかなる現実《うつつ》の兵器によっても、
決して、攻め落とすことはできない。

魔猫に率いられた城の故に、名づけて「猫又城《ねこまたじょう》」という。

そんな頃、鎌倉の谷を切り開いて造られた住宅地では、奇怪なことが起きるようになった。深夜になると、突然、何千何万とも知れぬけたたましい猫の鳴き声が、闇を切り裂くように響いたかと思うと、ぱたっと止むのである。最初は、谷奥の小川のほとりの古い家に住む老夫妻がそれを聞いただけで、話を聞いた隣人たちは「夢でも見たのでは？」と笑っていた。しかし、一人だけでなく夫婦で聞いたこと、そして、夜を重ねるごとに、次々とそれを聞く者が増えていったことで、大騒ぎとなり、遂に市や警察も放ってはおけない事態となった。

また、同じ頃、幼い子供たちに異変が起こっていた。谷や浜辺で突然、大きな声で「お化けが来る！」と鳴き叫んだり、あるいは、街中の車道で「あっ、猫ちゃんたちがいっぱい来た！」と言って飛び出していき、遂に死者まで出たのである。大人たちはどうしていいかわからず、マスコミに意見を求められた、世に言う識者たちも「集団ヒステリーでしょうか？」などと言って、その場を繕うばかりだった。

深夜、谷奥の住宅地のさらに奥の、谷川のほとりの草むらで、山々を轟《とどろ》かす声が響く。見上げれば、巨大な洞門の上の尾根近くの崖には「やぐら」と言われる横穴墓がいくつも口を開け、月明かりに照らし出されている。それは、あたかも髑髏《どくろ》の冥《くら》い眼差しのようだ。

「今の人間どもは、この鎌倉を『古都』なんぞと言うが、それは嘘だ。鎌倉は、ただの山野だ。河や海なのだ。そこに、生者の歴史はない。

われらが人間としての生を終えてから、何百年も、草むらや浜辺に、ただ、寂れた寺社と墓だけがある山野河海《さんやかかい》だったのだ。

そこには、深い、静かな平和があった。われらの眠りがあった。

しかし、最後の幕府が江戸で倒れてから、続々と余所者の人間たちが入り込んできた。われらの守護神たる八幡大菩薩に法楽《ほうらく》を献げ奉るべき多くの堂塔を破壊し、それに仕える僧たちを堕落させ、かえって神威を穢《けが》した。謀反人どもを祀る社《やしろ》を建てた。遂には、われらが眠る大地を金儲けの道具にして、破壊したのだ。

だから、われらは鎌倉を取り戻す。深い静寂につつまれた、死者の眠る山野河海を取り戻すのだ！」

その声のする方を見れば、何としたことか！　鎌倉のいかなる山よりも高く、材木座から由比ヶ浜にかけての海岸すべてを覆うほどに巨大な魔猫が唸《うな》り声を上げている。しかも一つの口からではなく、一つの体に生えた千の頭の千の口から、雷《いかづち》のような唸り声を上げている。峰々の向こうに見え隠れするのは、その四千の脚。遠く、稲村ヶ崎の方には、その千の尾が嵐の海のように波打っている。皎々《こうこう》たる満月に、青黒い毛並みが森のように照らし出され、千の額には千の「第三の眼」が、鏡のように輝いている。また、その周囲を固めるのは十万の魔猫。同じく、多頭多脚多尾で「第三の眼」を持つ巨猫《きょびょう》も少なくない。最低でも、その尾は八岐大蛇《やまたのおろち》のように枝分かれして、体は牛よりも大きい。

唸り声を上げる首領の名は、高時房天雷《こうじぼうてんらい》。鎌倉幕府滅亡の時、北条得宗家《とくそうけ》の執権以下、幕府側の実に八百数十人が自害したという東勝寺址の草深い裏山から、大力《だいりき》の亡霊が大暗黒の煙として天に立ち昇り、大怨念の力によって、幻として変化《へんげ》した大魔猫である。

付き従う魔猫たちも、ある者は山々、ある者は浜辺の大地の奥の墓場より、あるいは黒、あるいは灰色の煙として集まった無数の亡霊で、同じく大怨念の力によって、幻として変化した者たちである。

彼らは、その大怨念の力によって、鎌倉の山谷河海のすべてを支配する。獣も、鳥も、虫も、草木も、川も、海も。

　とはいえ、普通の大人たちは、誰一人彼らの姿を見ることも、声を聞くこともできない。神通《じんづう》を持つ大いなる修行者ならば、その心眼で彼らを見聞きすることもできようが、そのような者は今の鎌倉にはいない。ただ、時に、無心の子供たちが「お化け」や「猫ちゃんたち」として、かすかに、その存在を感じ取るだけである。

　また、彼らが集う草むらも、そうした修行者には、ヒマラヤの如く巨大な城郭として察知できる。しかし、普通の人間には彼らの姿も、城郭も見えない。魔猫たちの城郭である故に、名づけて「猫又城」という。猫又とは化け猫のことである。

　とはいえ、もし魔猫たち自身が望んだ場合には、人間たちを威嚇するために、普通の大人たちにも、その姿を見せ、声を聞かせることもできる。深夜、谷奥の住人が聞いた奇怪な声は、そのようにして、魔猫たちが敢えて聞かせた「威嚇の声」だったのである。

　彼らは、大怨念より生じた幻の魔猫である。

　その城も、大怨念より生じた幻の城である。

　だから、いかなる現実の兵器によっても、それを打ち砕くことはできない。

あたかも、悪夢に現れた凶暴な敵は、いかなる現実の兵器によっても攻め滅ぼすことができないように。しかも、それは心に現実の恐怖を与え、もし打ち続くならば、遂には人を狂気の淵に堕とすことさえできるのだ。

……彼らが消え去る時、それはただ、彼ら自身の大怨念が消え去る時だけである。

だから、これから彼らが鎌倉に振り落とそうとしている災厄にも、人間は、全く手を打つことができないのである。

三

鬨《とき》の声を轟かせよ！　復讐の時が来たのだ！

山は崩れて家々を埋め、津波は街を流し去っていく。

飼犬や捨猫は反乱を起こして食を奪い、鳥や虫は人を啄《ついば》んで苦しめる。

幻がもたらす災厄の故に、現実《うつつ》の人はどうすることもできない。

遂に無人となったこの地に、ひさかたの静寂が訪れる。

死者たちが安らう山野河海に、古《いにしえ》の平和が訪れる。
それこそが、勝利。
眠りと、廃墟と、人一人いない草むらこそが、勝利の記念碑である。
大魔猫も、十万の魔猫も、山野河海の万霊たちも、
みな笑っている。
千の顔に笑い、十万の顔に笑い、数知れぬ顔に笑っている。
眼を閉じ、第三の眼を閉じ、
獣の眼、鳥の眼、虫の眼を閉じて、
山も、野も、河も、海も、みな静かに笑って、眠っている。

混乱が広がる現代都市・鎌倉を、さらに恐怖に陥れたのは、頻発する自然災害であった。
それはまず、山から始まった。戦後に谷間を造成した住宅地で、それを取り囲む急斜面や崖が崩れて、家々が倒壊、埋没する事故が、次々と起こったのである。見たところ、いわゆる「鎌倉石」の柔らかい岩盤を無理やり削り取ったので、それが脆くなっていた所に、その

後に生えた樹木が年月を経て大きくなって根を張り、その岩を砕いたもののようである。一斉に起こったのは、高度経済成長の頃に、こうした場所が集中して造成されたので、同じように劣化が進んで、このような事態となった、と説明された。

しかし、そうした谷間に、かつて「やぐら」があったのが造成時に破壊され、そこに葬られた人骨が、今も宅地の下に眠っているであろうことを知る人は、一部の考古学者以外にはほとんどいない。古くからこの地で商売をしている不動産業者も、そうしたことは、たとえ知っていても、顧客には決して口にしない。

「高時房様。かつて、人間としてあなたにお仕えしていた時に、わたくしも、炎に包まれたあの寺で、一緒に腹を切りました。巨福呂坂《こぶくろざか》から押し寄せてくる敵を、わが一族は斬って斬って斬り抜いて、自らも手負いとなり、血まみれになって、あの世にお伴仕《つかまつ》るために、あの寺へ帰ってきたのです。そして、皆を勇気づけるために、まず、わたくしが腹を切りました。今もここにいる家来が、介錯《かいしゃく》してくれたのです。誠に、ありがたいことです。

そして、わが一族の遺体は戦《いくさ》の後に焼かれ、遺骨、遺灰はあの寺の裏の谷のやぐらに葬られました。しかし、それも数十年前、金儲けのために壊されました。そして、わが一族は散り散りになりながらも、この谷にできた家々の下に眠っていたのです。今、その家々が壊されました。そこに住む者たちに怨みはありませんが、しかし、こうしてわれらの鎌倉をめちゃくちゃにした者どもや、さらには、その商いや政《まつりごと》の仲間どもに、その悪業《あくごう》を思い知らせてやらねばなりませぬ！　たとえ、悪鬼魔道の仕業と言われても。」

猫又城の総大将である大魔猫・高時房の前で、別の、力ある魔猫が唸り声を上げている。

「そうであったな。あの時、そなたが最初に腹を切ってくれたおかげで、皆がどれだけ勇気づけられ、後に続くことができたことか。当時はまだ腹の据わらぬ小心者だったわしも、そなたのおかげで、心を定めて腹を切ることができたのだ。深く礼を言うぞ。

この戦はわれらの誇り、鎌倉の誇りをかけた戦じゃ。心せよ。たとえ悪鬼魔道と言われても、地獄へ堕ちる時は、皆一緒じゃ。案ずるな！」高時房が唸る。

「はっ！」魔猫が応えて唸った。

次に起こったのは津波である。それは、地震もないのに稲村ヶ崎の方から押し寄せてきて、山に囲まれた鎌倉旧市街の若宮大路添いの平地の奥まで押し流した。高時房が、その巨大な千の尾で海を叩いて起こしたのである。これで、旧市街のほとんどが壊滅した。

多くの人が流され、あるいは行政が「広域避難場所」に指定していた源氏山公園などの高台に避難した。しかし、続いて人々を苦しめたのは、生き残った飼犬や捨猫が凶暴化して、人々に襲いかかり、救援物資の食糧を食い散らかすようになったことである。津波の前の鎌倉では、住民が豊かさを誇るかのように犬を連れて歩く姿がよく見られる一方で、材木座の海岸付近は捨猫の溜まり場となるなど、この地独特の歪んだ風気が蔓延していたものだが、そうした動物たちが反乱を起こしたのである。動物たちが津波を乗り越え、生き残り、鎖を切って自由になったのは、魔猫たちの大怨念が力を与えていたからであった。

さらに、人々を苦しめたのは、海辺の鳶《とび》や、森の虫たちも凶暴化して、人々に襲いかかり、啄《ついば》むようになって、多くの死傷者が出るようになったことである。もちろん、これも魔猫たちの力によるものである。

こうした状況に、遂に行政は鎌倉旧市街を「警戒区域」に指定し、人々は強制的に避難させられて、街は無人となった。その姿は、あたかも原発事故が起きた地域のようである。

東京近くで起こったこうした異常事態は、もはや国家的な問題になっていた。しかし、相手が自然と動物や虫たちなので、政府も手の打ちようがない。もちろん、その背後に、魔猫たちの大怨念の力があることなど、知るべくもない。

世襲議員出身の坊ちゃんで軍事好きの首相は、闘争心むき出しで動物や虫の全殺処分を言い立てるが、狭いながらもそれなりの広さがあり、また複雑を極めた地形の鎌倉で、そんなことが不可能であることは、首相以外、誰でもわかっている。思わぬところで、かつて幕府がこの「要害の地」に置かれた効果が出た訳だが、もしそれが実現しても、再び山崩れや津波が起こったら何の意味もない。

業を煮やした首相は、遂に、かつてベトナム戦争で行われた「枯葉作戦」のようなことまで口走るようになった。しかし、もしそんなことをしたら周辺地域にまで影響が及んで、「地価の高い湘南エリア」で儲けてきた財界など、与党の支持基盤から文句が出ることは必定である。さらに、二度目の東京オリンピックを目前に控えた日本の国際的イメージが壊滅するのは間違いない。そこで、これぱかりは与野党一体となって首相をねじ伏せて、何とか押し止《とど》める有様だった。

そんな人間たちを余所に、鎌倉には百数十年ぶりの穏やかな日々が訪れていた。鎌倉で幕府が倒れてから、最後の幕府が江戸で終わるまでの数百年間の静謐である。廃墟となった街には、もはや人一人いない。崩れた建物は青々とした草で包まれ、野の花が咲き、そこを自由に犬や猫が往き来して、鳥や虫の鳴き声が聞こえてくる。その姿は、あたかも、この緑の山々に囲まれた小さな土地が、深い眠りについているかのようだった。

四

さて、その安らかな眠りを破るのは、再び起こる戦いの響き。

遂に、人はその刃《やいば》を、母なる山野河海に向けたのだ。

この地に住む獣、鳥、虫のいのちを絶滅して、人が再び、訪れることができるようにするために。

草を刈り、木を切り倒し、山を裸にする。

そして、天然の食物を奪って、毒入りの餌を撒く。

動物たちは見つけ次第殺し、空から強力な殺虫剤を撒き散らす。

最後の死闘が始まったのだ！

威嚇のために、遂に魔猫たちはその畏るべき姿を現して、
山を崩し、津波を起こして、人を大地や海の深くへと葬っていく。
見る見る崩れていく、部隊の列。
ヘリコプターや戦闘機も、たちまち大魔猫や魔猫たちの尾で振り落とされる。
ああ、鎌倉は数百年を経て、再び、人の死体で埋め尽くされる！
勝利の凱歌を上げて、その山野河海は、すべての敵の血を飲み尽くす。
ああ、鎌倉よ、その山野河海よ！
御身《おんみ》は、なぜ、それほどまでに血を好むのか？

その時、大地震が起こった。
魔猫たちが起こしたものではない。本当の大地震と、それに続く大津波である。
それはあたかも、母なる山野河海が、
自らの子らが狂乱の淵に沈み、互いに殺し合うあさましい姿を怒り、悲しんで、
すべてを一気に深く、冥《くら》い眠りに葬り去るために、

その千の太陽よりも熾烈《しれつ》に輝く聖なる杖を、一振りしたかのようであった。

あたかも、幼子《おさなご》を寝かしつけようと優しく撫で、歌う、若い母親のような心で。

畏るべくも不可思議な大天災、それが、ここで戦うすべての者の運命なのか？

さすがの魔猫たちも呆然自失して、
大怨念の力を失い、虚空に、消え去っていく。

暖かな早春の朝日に湯気を上げて消えていく、真っ白な夜の積雪のように。

街はすべて洗い流され、無数の人や動物、虫たちの死体が海に漂っている。

まるで、真夏の沼に浮かぶ、緑の浮き草のように。

それが、ここで戦った者たちの最期だ。

それが、鎌倉だ。

彼らを流し、浄めたものこそは、かの、母の涙である。

もはや、話すべきこともない。首相が自らの栄光を賭けて開催を目指すオリンピックを前に、遂に鎌倉の自然や動物たちへの総攻撃を命じたのだ。出撃の妨げとなる古都保存法や環境関連諸法などによる規制は、特別立法により解除された。その果てが、この有様である。

もちろん、首都圏を直撃した関東大震災以来の大地震と大津波で、二度目の東京オリンピックは中止となった。首相も、震災後の対応の混乱をめぐって起こった国民的な非難の声によって、「病《やまい》」と称して自ら辞任した。彼自身が言うのとは全く別の意味においてであるが、確かに、彼は人として深く病んでいた。もっとも、それを首相にした国民の多くも、共に病に冒されていたことは間違いないが、今こそ、その闇から目覚めねばならない。

新しく選ばれた首相は与党出身ながら、前首相と違ってそれなりの分別もあり、人柄も悪くない。ただ、はたして、こうした日本を再建できるのだろうか？　無事にオリンピックが終わっても、その後には大不況が来ると言われていたのである。ましてや、このような大天災で中止となった今は。

日本最初の原発事故まで起こした、東北を中心とする大震災から十年も経たない内の、今度は首都圏直撃の大震災である。さすがに、再度の混乱に世界の日本への眼も厳しくなった。企業も、投資も、急速に逃げ出していくことだろう。老人は増える一方で、子供は生まれず、人口の維持さえままならない。それも、大企業や投資家の利益のために若者を酷使した、前首相の政策のつけである。もっとも、高齢者は老後のための投資などで、多少はそのおこぼれに与《あずか》ったのかもしれないが、その恩恵が若者に及ぶことはない。それどころか、ますます推進される非正規労働によって、多くの若者が家庭を持つのさえ難しくなっている。言うならば、日本中が「ドヤ街化」しつつあるのだ。しかも、そうした若者たちの多くが、現実の不安を忘れるために、実現の可能性も無視して勇ましいセリフを連発する前首相を支持していたのだから、愚かなことである。悲しいことである。

数百年前、魔猫たちがまだ人間だった頃に、炎に包まれて滅亡する鎌倉で味わった苦しみは、決して昔話ではない。そして、逆説的な話になるが、魔猫たちがこよなく愛していた深い眠りにつく山野河海に、日本全土が再び戻る日も、案外、近いのかもしれない。それは、結局、魔猫たちの勝利とも言える。虚空に、消え去っていった、彼らの笑顔が見えるのではないか？　そして、この戦いでいのちを落としたすべての人間や生き物たちも、同じ笑顔で眠りにつくことだろう。娘たちの黒髪のように連なる緑の山々に彩られ、天使の瞳のように青く輝く海と空に包まれた、風のように姿なき、あの白い腕に抱《いだ》かれて。

ともあれ、どのような状況であっても、人もすべての生き物も、自らの運命を背負っていかなければならない。たとえ、盲目の力から生まれた運命であっても、それから目をそらすことなく、より善い道を見いだそうとする努力だけが、生きる希望を生み出すからである。
……恐らく、それが「生きる」ということの意味なのだ。

結びの歌に代えていわく。

諸法従縁起　如来説是因
彼法因縁尽　是大沙門説
すべてのものは縁より生じる。如来はその原因を説かれた。
それらのものの原因と縁が尽きることも。これが、大いなる修行者の教えである。

（二〇一八年二月一五日　了）

撥遣《はっけん》の歌

さようなら、わが人生の美しい夢よ。今、お前の
優しい幻も、真っ青《さお》な冬空に、
遠く、解き放たれていきなさい。
冷たく、光に満ちて、透明な、あの大空、
それを抱きしめ、融け合って、一つになるために。

遁世《とんぜい》から祈りへ

——本書について——

願わくは今生《こんじょう》世俗の文字《もんじ》の業《ごう》　狂言綺語《きょうげんきご》の誤りを以て
翻《かえ》して当来世々《とうらいせせ》讃仏乗《さんぶつじょう》の因　転法輪《てんぽうりん》の縁と為《せ》む

（白楽天、『和漢朗詠集』「仏事」所収）

一

本書は、二〇一一年三月からの十年間に書き記した詩や文章を集めたものです。その内容には、やや難解な点も多いかもしれませんので、まず、この部分から読み始めて頂くのも良いでしょう。そうそれば、本書の内容が、より分かりやすくなると思います。

さて、本書に収録した作品は、いずれも、折々の感興のままに言葉として溢れてきたものので、その意味では、まずは極めて個人的な小品集にすぎません。しかし、その意図するところは、密教（仏教）から、広くは人間精神の営み一般にわたる私自身の思索と探求を、先に刊行した拙著『密教美術形成史の研究――北西インドを中心として――』（起心書房、二〇一九年）のアカデミックな手法に続いて、今度は詩的な形によって行ってみようとするものです。その意味では、両著は全く異なった姿ながら、本質的に「表裏一体」の関係にあります。こうした「一人の著者が、複数の手法によって〝表現〟を行う」ことは、現在ではあまり一般的ではないのかもしれませんが、仏教の歴史を顧みれば、哲学的な論書と共に、讃歌や詩文などの文学的作品も残すことは、例えば、かのナーガールジュナ（龍樹）や空海も行っていたことです。本書も、ささやかながら、そうした試みの一つとして理解して頂ければ幸いです。

私にとって、本書を執筆した年月《としつき》は、自ら経営する小さな出版社・起心書房の設立に始まり、父の死、それに続く家族の変化など、波乱に富んだ歳月でした。また、この間、日本全体も大きく様変わりして、戦後の焼け跡から先人たちが苦労して築き上げた繁栄が、物心ともに音を立てて崩れ落ち始めた印象があります。

忘れもしない二〇一一年の三月一一日、東北を中心に起こり、日本初の原発事故まで引き起こした東日本大震災は、それを象徴するかのような出来事でした。その後、そんなことなどなかったかように推し進められた二回目（戦前の中止されたものを含めれば、三回目）の東京オリンピックは、二〇二〇年の新型コロナウイルスの世界的感染《パンデミック》の中で「延期」（今後「中止」となる可能性も皆無ではありません）。さらには、官民、専門家・非専門家を問わぬ情報感染《インフォデミック》（特にマスコミやいわゆる「専門家」の多くが、欧米に比べて桁違いに少ないわが国におけるコロナの「死者数」を軽視して「感染者数」のみを煽り、また、社会全体への影響を考慮せず、自説に基づく一面的な対策に固執したこと）と、政治のバランスを欠いた対応（一部の知事や野党党首があたかも人気取りか責任逃れの保身のためのように「緊急事態宣言」を政府に催促し、さらには、あろうことか、各種の給付金・助成金が与党の有力政治家とその関係者の利権の具にもてあそばれることさえありました）により、休校・倒産・廃業・失業・DV・自殺などの、コロナ自体よりもはるかに深刻な社会・経済的傷手《いたで》がもたらされ、特にそれは、非正規雇用者や女性などの弱者に重くのしかかりました。誠に痛ましいことですが、少なくともわが国では、コロナは「人災」の面が大きいと言わざるを得ません。

コロナの後には、オリンピックに向けての観光誘致で溢れていた外国人観光客もぱったり止みました。撤退した工場や寂れた商店街の跡地には、再開発のタワーマンションが巨大な墓標の如き荒涼たる姿で聳《そび》え立ち、低い昭和の街並みを見下ろしています。そして、広がる非正規雇用と、それに伴う結婚できない若者の増加。増える老人、減る子供。さらに、不安な世相を忘れようとするかのように高まる右傾化の風潮。そんな衰退の徴候を数え上げていったら、本当に、きりがありません。もちろん、こうした傾向は、多かれ少なかれ「西側先進国」と言われてきた諸国に見られるものですが、残念ながら日本は、こうした点ではトップクラスのようです。

震災以降、大雨、台風などの自然災害もめっきり増えました。特に、新型コロナが蔓延する最中《さなか》の二〇二〇年三月末、東京付近では満開の桜の上に雪が降るという不思議な光景が見られたのには、さすがに「世の乱れ」「人々の功徳《くどく》の衰退」の徴《しるし》かと、古人の如く思ったものです。

こうした中で、震災の約一ヶ月前に設立した弊社では、インド・チベット仏教の基本文献の全訳・研究を鋭意、刊行し続けてきました。それは、こうした不安と混乱の時代にこそ、歳月を超えて受け継がれてきた「古典」が、大きな価値を持つと考えたからです。揺れ動く時代の

遁世から祈りへ
――本書について――

荒波のただ中で、敢えて、そこから一歩距離を置いて、立ち止まってみる。そんな反時代的な姿勢こそが、かえって、希望ある未来のヴィジョンを生み出すのではないでしょうか？

日本史上、最も動乱に満ちた時代である中世に、鴨長明《かものちょうめい》、吉田兼好《よしだけんこう》に代表される「遁世《とんぜい》」という生き方がクローズアップされたのも、そうしたことによるのかもしれません。そこからは、仏教や文芸など、多くの新たな精神文化が生まれました。いや、そればかりではありません。例えば、鎌倉時代後期に、社会福祉やインフラ整備といった分野でも大きく活躍した叡尊《えいぞん》や忍性《にんしょう》などの律僧《りっそう》たちは遁世僧の立場から出発したと言われていますから、「遁世」は、実際に社会を動かす力にさえなったのです。私自身もささやかながら、そうした「遁世」の精神に倣いたいと願うものです。本書は、そうした「現代の遁世者」として生きようとする決意の中での、折々の感興を記したもの、と言うこともできるでしょう。

なお、本書を一冊の詩文集としてまとめるに当たっては、独学で得た東西の古典の厖大な知識を踏まえて、独自の世界を構築した東方正教会に属する詩人・鷲巣繁男《わしずしげお》氏（一九一五〜一九八二）の諸著を範としたところが多いことも、付記しておきたいと思います。

二

本書のタイトル**「虚空の歌」**は、私の個人的なチベット仏教の信仰における本尊ヴァジュラヨーギニー（金剛瑜伽女《こんごうゆがにょ》）に因んだものです。これはインド後期密教の代表的な尊格であるチャクラサンヴァラの明妃《みょうひ》ヴァジュラヴァーラーヒー（金剛亥母《こんごうがいも》）が単独で信仰される時の名前ですが、巻頭口絵に掲げた二点の作品（いずれもネパールのもの）のように、裸形《らぎょう》に人骨の装身具を着け、髑髏杯《どくろはい》から血を飲む怖しい姿をしています。しかし、その本質は一切諸仏の智慧と慈悲そのもので、特に、後期密教の女神の常として、空《くう》の真理を悟る智慧（般若）を象徴しています。『般若心経』に「三世《さんぜ》の諸仏は、般若波羅蜜多《はんにゃはらみた》に依るが故に、阿耨多羅《あのくたら》三藐三菩提《さんみゃくさんぼだい》（この上ない正しい悟り）を得たもう」とあるように、この空の智慧こそが諸仏を諸仏たらしめるもの、すなわち「仏母《ぶつも》」です。従って、ヴァジュラヨーギニーもまた、こうした「大いなる母《ユム・チェンモ》」（般若波羅蜜）の一つの姿と言うこともできるでしょう。

仏典では、空の喩えとして、よく「虚空」が用いられます。また、ヴァジュラヨーギニーはダーキニーと言われる女神の一種ですが、ダーキニーは「空行母《くうぎょうも》」とも訳されるように、虚空を天翔《あまがけ》るとされます。密教の伝説では、しばしば修行者に啓示《インスピレーション》を与える存在としても現れますから、古代ギリシャの詩神ムーサに近い面もあるのでしょうか？　厳しい時代に人生を旅する遁世者には、実に頼もしい女神です。そう、辛苦を経て故郷を目指すオデュッセウスを導く、智慧の女神（あたかも「仏頂《ぶっちょう》」のように、ゼウスの頭から生まれたという）アテーナーのように。

本書に集められた言葉の数々も、結局はすべて、人生の万象《ばんしょう》を以てこの女神を憶念《おくねん》し、讃嘆しようとするものです。そこで、そのタイトルを「虚空の歌」としました。本書に収録された作品には、しばしば「虚空」「空」「春」などの、ある種「捉え難い」「空気や気配《けはい》のようなもの」が登場し、しかも、それが女性的な存在として呼びかけられることがありますが、それらすべては、ヴァジュラヨーギニー（特に「姿なき空の智慧そのもの＝法身《ほっしん》」としての）の隠喩《メタファー》にほかなりません。

巻頭の**「帰敬《ききょう》の言葉」**にある「めでたき方」とは、もちろん、ヴァジュラヨーギニーのことです。ただ、ここでは敢えて、古《いにしえ》の地中海世界を思わせる「Ａｖｅ！」という言葉で呼びかけてみました。これはラテン語で「ようこそ！」「おめでとう！」といった意味の挨拶の言葉で、「アヴェ・マリア」で有名ですね。もし、この部分をインド密教の伝統的表現にしてみるなら、「吉祥なる女尊《シュリー・デーヴィー》に帰命《ナマハ》し奉る」ということになります。

地中海世界で育まれた讃美の言葉に、インド・チベットの密教的世界を響き会わせ、さらには森羅万象を表す言葉を集めて、それらの言葉を、そこにこびりついた硬い「意味の殻」から離脱させ、一つの軽やかな音符のように扱って、ほめ歌の花輪（讃頌鬘《スタヴァ・マーラー》）を編み、かの女神に捧げよう!……このように発願《ほっがん》し、これが本書全体を貫く姿勢となります。

そして、このことは、少し哲学的な言い方をすれば、「仮名《けみょう》」（仮設《けせつ》：prajñapti）すなわち、言葉が指示するものの無自性《むじしょう》性を、詩的な形で実践することにほかなりません。空・無自性を極めたところから、絢爛たる幻としての秘密荘厳《しょうごん》のマンダラ世界が現れてくる。このことは、弘法大師空海が『十住心論』で、第九住心から第十住心への展開として説くところです。本書の言葉には、一見、かなり見慣れない姿も多いと思いますが、本質的には、この空海のひそみに倣おうとするものです。実に、空海こそは、偉大な詩人でした。

現代密教学の成果によれば、インド後期密教のタントラ（特に、ヴァジュラヨーギニーもそこに由来する母《も》タントラ）には、ヒンドゥー教シヴァ派のタントラと共通する内容も数多く見られるとのことです。いや、何も後期密教に限りません。このように、言葉の「既成の意味」を自在に乗り越えて、真理を暗示する手がかりとして用いようとする姿勢は、「歴史上のブッダ」としての釈尊自身が最高の修行者を示して言った「バラモン」や、『大乗涅槃経』で法身を示して言う「アートマン（我《が》）」など、仏教の歴史には本当にたくさんの例があります。日本密教では空海の『弁顕密二教論』の終わり近くで、空をさらに越えたところに現れる妙有《みょうう》の世界として説かれる「密号名字相等《みつごうみょうじそう》の義」が代表的です。いわゆる禅問答も、その好例でしょう。

結局、言葉を超えた真理（勝義諦《しょうぎたい》）を、敢えて言葉で説き明かそうとする仏教の言説（世俗《せぞく》諦《たい》）の「すべて」が、本質的には、そのようなものです。たとえ、アビダルマや東アジアの法相宗《ほっそうしゅう》、チベット仏教ゲルク派の僧院教学のように、まずは日常的意識における思考の範囲で、厳密な定義に基づく体系の構築を志向するものであっても、それらが究極的に目指す真理そのものは、やはり、言葉を超えたものであることに変わりありません。そうした真理そのものと、それについての言説が「別のもの」であることは明白だからです（そうでなければ、それらの教学を論じただけで「悟ったことになる」という、全く、おかしなことになってしまいます）。そこで語られる言葉の「すべて」が「仮名」であり、古くからの喩えで言えば、「月をさす指」にすぎません。こうしたことを哲学的に明らかにしたのが、日本では「八宗の祖」と称えられるナーガールジュナでした。こうした言葉の使い方は、ある意味では、空・無我に貫かれた仏教ならではと言える面もあるのでしょう。

しかし、これに近いことを、古《いにしえ》のシリアのキリスト教の修道士イサク（七世紀）も、次のような明晰な言葉によって指摘しています。

〝あなた方は、霊のことがらについて霊父たちの使う用語が、いかに多様であるかを知っておられよう。簡明な用語で定義することは地上のことがらについてのみ可能である。それは「新しい世界」に関することがらについては可能ではない。そこにあるすべてのものは、あらゆる名称、表象、叙述、色彩、形、考えられた用語を遥かに超えた、直截で単一な認識である。

それゆえ、霊魂による認識が一度この可視的な世界の枠を越えて上げられると、霊父たちは、そのような霊魂による認識については、彼らの好むままの名称を用いるの

である。何が正しい名称であるべきかを人は誰も知っていないからである。〃

（A．M．オーチン編、S．ブロック英訳、梶原史朗訳『同情の心——シリアの聖イサクによる黙想の六〇日——』聖公会出版、一九九〇年、五八～五九頁）

ここに言われる「霊父たちの使う用語」とは、もしかしたら、中世の東西教会に絶大な影響を与えた偽ディオニュシオス・アレオパギテース（この偽名で著作した、たぶん五～六世紀頃のシリアの神学者）の『神名論』に見られるような、神秘主義的な言語哲学を指しているのかもしれません。それはともあれ、結局「語り得ぬもの」を語ろうとする宗教の言葉においては、何らかの形で、こうした面が出てくるのは自然な成り行きなのでしょう。後に引くスペインの神秘家・十字架のヨハネ（一五四二～一五九一）の言葉にも、それに近い雰囲気があります。本書が目指すところも、こうした言葉の世界です。

なお、「帰敬の言葉」の最後にある「かの古の、クレモナ人《びと》の晩禱《ゆうべのいのり》」とは、北イタリアの同地出身のバロック音楽の確立者、クラウディオ・モンテヴェルディ（一五六七〜一六四三）の名曲「聖母マリアの晩禱（*Vespro della Beata Vergine*）」を指しています。これは、聖母マリアの祝日の夕べの祈りで歌われる様々な讃歌を、当時知られていたあらゆる音楽語法を駆使して絢爛たる大作に仕上げたものです。ある時は華麗、ある時は荘厳、ある時はロマンティックで、ある時は畏怖に満ち、ある時は静寂、ある時には喜びに満ちた、その万華鏡のようにめくるめく世界は、まさにバロックの幕開けにふさわしい響きを湛えています。私も子供の頃から親しんできた曲で、ある意味では「生涯のテーマソング」とさえ言えるかもしれません。いつか、このような雰囲気で、ヴァジュラヨーギニーへの讃嘆を書いてみたいと思っていましたが、今、それを試みてみよう……ということです。

執筆時には必ずしも意図していませんでしたが、結果的に、本書の構成も、ある意味では「聖母マリアの晩禱」に添ったものになりました。つまり、この**「帰敬の言葉」**は、「晩禱」で言えば、冒頭の壮麗なファンファーレを伴う「主よ、早く我を助け給え」に、前半の詩の部分を締め括る第二章末尾の**「ヨーギニー三身讃《さんじん》」「天地の母への讃」**は、同じく「晩禱」中ほどの、高らかな「エルサレムよ、主をほめ讃えよ」と、静謐な祈りに満ちた「アヴェ・マリス・ステラ（めでたし、海の星）」に、第三章の**三篇の小説**（特に、最後のドラマティックな**「鎌倉猫又城戦記《ねこまたじょう》」**）は、「晩禱」最後の長大・華麗な「マニフィカト（わが心、主を崇め）」に、**「撥遣《はっけん》の歌」**は、「マニフィカト」末尾の荘厳な「栄唱《えいしょう》」に相当する、といった具合です。また、「晩禱」が、それまでのキリスト教音楽に前例のない多彩なスタイルの中にも、伝統的なグレゴリオ聖歌のメロディーを定旋律《ていせんりつ》に据え、宗教曲としての格調を保っているように、本書も、一見「仏教」をテーマとするものとは見えない自由な表現の中にも、顕密《けんみつ》の教えを秘《ひそ》かに含意しています。いわば「神の母《テオトコス》」マリアを讃えた「晩禱」に倣って、本書では「仏母・般若波羅蜜」の本質を持つヴァジュラヨーギニーを讃嘆した訳です。もし、こうした点に関心を持って下さった読者がおられたら、ぜひ「晩禱」を、インターネットの動画やＣＤなどで聴いてみて下さい。

三

本文は、**「目次」**をご覧頂ければおわかりのように、**「Ⅰ　ヨーギニー二十四讃」「Ⅱ　雑詠」「Ⅲ　短篇小説」**の三つの部分からなっています。これは、それぞれに異なった形式の作品群で、おおむね執筆順に配列されていますが、結果的に、「問題提起」「模索」「結論」のプロセスが反映されたものになったかもしれません。また、それぞれの部分の最後に置かれた作品は、そこでの思索に、一応の「総括」を与える内容となっています。

まず**「I　ヨーギニー二十四讃」**は最初に作ったものだけあって、正直言ってナイーブな表現で、作品としては必ずしも完成度の高いものではないかもしれません。しかし、弊社を設立してから約一ヶ月後、二〇一一年の早春にふと、書き始めたところ、途中であの東日本大震災が起こり、また、そこに四番目の夢として記した不思議で、印象的な夢を見るなど、個人的にはとても思い出深いものとなりました。ここで言う「ヨーギニー」とは、もちろん、ヴァジュラヨーギニーのことです。ただ、作品に描かれた様々なことがらや夢は、それを直接に指示するというよりは、まずは、より広く、あの「永遠にして女性的なるもの」（ゲーテ『ファウスト』）を暗示する徴《しるし》としての意味を持つにすぎません。ただ、それらのすべてを通して、暗示的に、ヴァジュラヨーギニーを讃えていることも確かです。また、「二十四」という数は、ヴァジュラヨーギニーの真言の音節《シラブル》の数に合わせたものです。

なお、この作品を書き終わった直後に、以前、ヴァジュラヨーギニーの灌頂《かんじょう》と成就法《サーダナ》の伝授を授けて頂いた、あるチベットの老僧が遷化《せんげ》されました。チベット密教の信仰では、こうした「師《ラマ》」は本尊そのものですから、ことのほか、思いの深いものがあります。何か、この作品が師の遺言のようにさえ、思えたことでした。その当否は別としても、いわゆる活仏《かつぶつ》でありながら、敢えて転生者《てんしょう》を探さぬよう遺言し、遺灰を亡命先のインドの海に流したという師の最期は、仏者のあり方についての無言の教誡だったように感じています。願わくは、私もこの師のように、世を去りたいものです。虚空に消え去るが如く。

また、この作品を書いている時に見た夢に触発されて、同じ年の夏の終わりに、ネパールのヴァジュラヨーギニーの諸聖地にも参詣に行きました。本書のカバーに使ったダルモーダヤ（法源《ほうげん》）は、ヴァジュラヨーギニーのシンボルですが、その時に訪ねた聖地の一つ、サクーの寺院境内で、その土で私が描いたものです。口絵の最初に掲げた仏画は、その旅でカトマンズで手に入れたもので、次の壁画もその時、同じ寺院（本殿裏側の外壁）で撮影したものです。

次に、**「II　雑詠《ぞうえい》」**は折々に生まれた小品集です。そこに歌われる様々なことがらの中には、東京の向島や渋谷円山町、大阪の西成といった深い陰影に富む裏町や、軍に接収されたためかえって豊かな森が残された逗子の池子弾薬庫跡地も登場します。すべて、人間の生死《しょうじ》の万象を通して、ヴァジュラヨーギニーを憶念し、讃嘆しようとするものです。

それらの表現には、時に、初期バロックのイタリアの愛の歌（例えば、先に触れたモンテヴェルディに加えて、カッチーニ［一五五一～一六一八］など）や、十九世紀イギリスのラファエル前派を代表するロセッティ（一八二八～一八八二）の絵画や詩（特に、彼の人生の転機、妻シダルの死をきっかけに描いた「ベアタ・ベアトリクス」以降の作品）を想わせる、濃厚な耽美性も漂っています。また本章以外でも、最後の「撥遣の歌」は、実はイギリスのエリザベス朝を中心に活躍した、メランコリックな恋の歌で名高い作曲家のダウランド（一五六三～一六二六）の「戻っておいで（Come again）」の歌詞の最初の一節を、いわば「裏返した」ものです。ほとんど一語一語対応していますので、もしその気があれば、原詩に合わせて英訳（還英？）することもできるかもしれません。

こうしたことは、キリスト教の『雅歌』、ヒンドゥー教のクリシュナとラーダーの物語、そして、密教でも『理趣経』冒頭の有名な「十七清浄句《じゅうしちしょうじょうく》」を初めとして、『金剛頂経』系密教の「秘密成就法」、さらには、後期密教の父母尊《ヤブ・ユム》など、各宗教の神秘主義でしばしば見られるように、霊の道《スピリチュアリティ》における「二つのものの合一」を男女の愛に喩えて表現しようとしたものにほかなりません。『金剛頂経』系密教から後期密教に至る「金剛乗」のキーワードで言えば、まさしく「貪染《ラーガ》」の世界で、ヴァジュラヨーギニーも、それと空の智慧との合一（楽空無別《らくくうむべつ》）を体現する女神です。そして、十字架のヨハネも、『雅歌』に由来する神秘主義を至高の芸術にまで高めた詩人にして、修道者でした。同時代のモンテヴェルディによる、先の「聖母マリアの晩禱」にも、『雅歌』の一節に、さながら当時の愛の歌のような美しいメロディーを付けた曲（「我は黒し」「汝は麗し」の二曲）が、含まれています。

その内、**「夜想三部作」**は、「画讃」という副題があるように、三人の女流画家の作品に題したものです。それらの絵はいずれも、美しくも神秘的な女性たちを描いたものですが、「言葉のみ」から余韻を味わって頂くために、敢えて図版は入れませんでした。

また、池子の森を扱った作品のタイトル**「*Le Ballet de la Ikego Nuit*（池子の夜のバレエ）」**は、若きルイ十四世が昇る太陽を演じたことから「太陽王」の名で呼ばれるようになった「*Ballet Royal de la Nuit*（王の夜のバレエ）」へのオマージュで、バロック・バレエの華麗かつ幻想的で、時に怪奇でさえある舞台をイメージすると共に、死者たちの記憶をテーマとする点は、後の「短篇小説」に収録した三篇、特に「鎌倉猫又城戦記」と共通しています。

「仏母三讃頌《ブッダマートル・トリスタヴァ》」は、仏母・般若波羅蜜、またはその本質を持つヴァジュラヨーギニーの功徳《くどく》を讃えたものです。その内、まず**「生死海《しょうじかい》のオデュッセイア」**は、般若波羅蜜から流れ出る説法に導かれて、生死に迷う衆生が自心の根源にある悟りへと導かれるさまを、アテーナーに導かれたオデュッセウスの帰郷に喩え、空海『般若心経秘鍵《ひけん》』の偈頌《げじゅ》を交えつつ、最後をインドの代表的な『般若経』註釈書の『現観荘厳論《げんかんしょうごんろん》』の言葉で結びます。いわば、「「永遠にして女性的なるもの」からの法身説法への讃嘆です。**「ヨーギニー三身讃」**の「三身」とは、仏陀の法・報・応の三身のことで、「ヨーギニー二十四讃」最後の「誕生」と共に、死・中有《ちゅうう》・生《しょう》の三有《さんう》を三身として修習する後期密教の「三身修道《しゅどう》」をも意味しています。**「天地の母への讃」**は、日本におられるあるチベットの高僧と、そのお弟子さんの女流詩人を囲む詩の集いに触発されて書いたもので、若くして死んだ母とヴァジュラヨーギニーによって輪廻と涅槃を表し、最後に『中論』の言葉を引用して、両者の不二《ふに》を歌いあげています。

続く**「Ⅲ　短篇小説」**の内、初めの三篇は、いずれも死者たちへの鎮魂の念から生まれたものです。私が幼い頃、東京の下町育ちの母がよく「自分が赤ちゃんだった頃、空襲があり、おばあちゃんが背負って逃げて、ガード下に隠れて助かった」と話していたものでした。せっかくそうして生き延びた母も、もう三十数年も前に、若くしてこの世を去りましたが、その記憶と、ある絵との出会いから生まれたのが**「時の輪」**です。このタイトルも、その絵（先の「夜想三部作」でテーマとした絵の作者の一人、真条彩華さんの別の作品です）から取らせて頂きましたが、「夜想三部作」と同じ理由から図版は省略しました。

また、鎌倉は私が子供の頃から山歩きを楽しんできた場所ですが、その美しい山や浜辺には、実は多くの中世の墓場があり、たくさんの死者たちが眠っています。ただ、そうした死者たちの記憶がほとんど忘れ去られ、ただ、東京に近くて便利な観光地、あるいは住宅地として賑わうばかりの姿に、ある時、耐え難いまでの悲しみと痛みを覚えて生まれたのが**「ある朝の松籟《しょうらい》館《かん》」**と**「鎌倉猫又城戦記」**です。その内、前者は「時の輪」と共通する比較的、穏和な作風を保っていますが、後者では、思い切って叙事詩的、かつ神話的な表現を試みてみました。

後者の激しい内容は、場合によっては抵抗感を以て受け取られることも危惧していますが、ギリシァ哲学で言う意味の「神話《ミュトス》」、つまり一つの象徴的な物語として捉えて、その意図するところを読み取って頂ければ幸いです。手っ取り早く言えば、あの昭和の「ゴジラ」のようなものです。そこでは「猫又」を一つの象徴として、「人知ではかり知れないものが、人間世界に侵入して、それを破壊し、変容させる」姿を描くことになりましたが、後から思えば、期せずして、執筆から二年後に起こった新型コロナ騒動を先取りするものになった印象もあるのは、不思議な巡り合わせでした。あるいは、むしろ「今の鎌倉の姿を〝一つのきっかけ〟として感じた、現代文明一般への漠然とした、しかし強い〝違和感と危機感〟が、この作品を書かせた」と言った方が、正確なのかもしれません。

ともあれ、両作品ともに、鎌倉を舞台として、「死者たちや、それに安らぎを与える自然に対して、現代の人間は、もう少し〝敬虔の念〟を持つべきではないか?」と訴えるものですが、インド以来の密教図像学の言葉で言えば、前者ではそれを「寂静《シャーンタ》」、後者では「忿怒《クローダ》」の様相で表現しようとしています。いずれもヴァジュラヨーギニーの救いを讃えるものですが、特に後者は、『初会《しょえ》金剛頂経』「降三世品《ごうざんぜぼん》」から『チャクラサンヴァラ』を始めとする後期密教の諸タントラに受け継がれた、密教の忿怒尊《ふんぬそん》（ヴァジュラヨーギニーも、その代表的な女尊です）による神々の降伏《ごうぶく》のテーマを強く意識したもので、直接には、韻文による見事な叙事詩的表現を持つ『金剛頂大秘密瑜伽《ゆが》タントラ』の該当箇所、また、インド文学史的には恐らくその原型かとも思われるヒンドゥー教の『デーヴィー・マーハートミャ』を範としています。

最後に、本文を結ぶ**「撥遣の歌」**の「撥遣」とは、密教の一座の行法《ぎょうぼう》で、それまでお迎えしていた本尊に、もといた浄土へお帰り頂くことですが、ここでは本文の全体を「一場《いちじょう》の夢」になぞらえ、それを先のように「法身」を象徴する虚空に解き放つ意味で、このように名づけました。

また、個人的には、この詩は、本書執筆の終わり近くの秋から冬への移ろいの中で起きた、ある出来事も反映しています。そして、その余韻は、年を越えた早春のある日、ふと、東京の裏町の散歩で見かけた風景を歌った、**「追想三部作」**最後の**「早春の渋谷円山町」**に受け継がれました。こちらの詩は、冬の痛みが、春の訪れと共に、少しずつ和らいでいく様子を描いたものと言えるでしょう。ただ、ここで西洋中世後期の画題を踏まえて「死の舞踏」に触れましたが、その後、間もなく、新型コロナの感染が世界的に広がり、そうした絵が描かれた時代の黒死病《ペスト》さながらの大騒動になったのは、先の「ヨーギニー二十四讃」「鎌倉猫又城戦記」と同じ、詩想《インスピレーション》と現実の不思議な交叉でした。

四

さて、本書に収録された作品には、さらに多くの典拠、因縁、秘められた意味もあり、それを詳しく解説することもできます。また、そうした解説がないと、分かりくいことも事実でしょう。ただ、あまり詳しくそれを行ってしまうと、煩わしくなるばかりか、かえって言葉の余韻を損ない、味気ないものになる恐れもあります。この点について、先に触れた十字架のヨハネが自らの詩について、次のような含蓄の多い言葉を残しています。

〝これらの愛の言葉を一つの意味に限定し、狭めて、あらゆる種類の口に適《あ》わなくしてしまうより、幅を持たせたままにしておき、各自が、自分の精神の在り方と容量に従ってそこから利益を得るようにするのが、私には、一番よく、また適当と思われます。〟

遁世から祈りへ
――本書について――

『十字架の聖ヨハネ詩集』新世社、二〇〇三年、一九～二〇頁）
（ルシアン・マリー編集、西宮カルメル会訳注

これはほとんど、仏教で言われる「一音説法《いっとんせっぽう》」、つまり仏陀の一つの説法が、それを聴く衆生それぞれに最も適《かな》ったものとして受け取られるということを思わせる表白です。

ただ、同じ十字架のヨハネが自らの詩を註釈した『暗夜』を読むと、その詩に漂う瑞々《みずみず》しいインスピレーションが、当時のカトリックの修徳神学の枠組みへ固定化されようとする傾向も感じられない訳ではありません。これらの詩の多くは、彼が修道会の改革を目指して、かえって牢獄に幽閉される苦しみの時期に、感興のまま生まれたものと言われます。そうした、ぎりぎりの言葉（キリスト教的に言えば、たぶん、それらの言葉自体が「神の賜物」だったのでしょう）を、たとえ神への道を説く「神学」であっても、日常的な意識における思考で説明しようとするのは、彼自身にとっても至難の業だったのでしょうか？　あるいは、彼の詩は、そのようにまずは読者を想定しない、いわば「自説語《ウダーナ》」として溢れ出たものであったのに対し、こうした「註釈」では、教化的な立場から、当時の読者にとって問題なく理解できる範囲に限

定して説かれたものかもしれません。ともあれ、彼の詩は、ただひたすら美しく、夜に溢れる泉のように姿なく鳴り響くばかりです。

そこで、私も本書に収録された作品について、これ以上、註解めいたことをするのは敢えて控え、ただその響きをありのままに、読者の方々へお届けしたいと思います。まずは、その意味を理解するのに先立って、響きを感じ取って頂ければ幸いです。

東日本大震災の惨事に始まって、新型コロナのパニックに終わった本書の執筆でした。世の無常と衆生の無明《むみょう》の避けられぬことと共に、それを超えつつも、本質としては、それと「不二」なる涅槃の常楽《じょうらく》を、しみじみと感じます。

……願わくは、ここで歌ったすべての響きが、かのクレモナ人の晩禱の如くに、その楽《スカ》の国土から、生死《しょうじ》尽きるまで衆生を見そなわす、かの幸いなる方《バガヴァティー》を讃える祈りとならんことを！　吉祥《スヴァスティ》あれ！

震災と弊社設立から十年目の年明けに、起心書房編集室にて　安元　剛

安元　剛（やすもと　つよし）

1966年生まれ。密教美術研究家、株式会社起心書房代表取締役。著書『ほっとする空海の言葉』（谷内弘照師との共著。二玄社、2011年）、『密教美術形成史の研究』（起心書房、2019年）。

詩文集　虚空の歌

2021年2月24日　初版第1刷発行

著　者　　安元　剛
発行人　　安元　剛
発行所　　株式会社 起心書房
千葉県浦安市猫実1-9-11-404
TEL　047-350-6444
FAX　047-350-6445
郵便振替　00200-2-85703
http://kishin-syobo.com/
装　丁　　Malp Design（清水 良洋）
印刷・製本　モリモト印刷株式会社

ISBN978-4-907022-00-6　C1015